フルキャリマネジメント

子育てしながら働く部下を持つマネジャーの心得

武田佳奈 Takeda Kana
野村総合研究所 上級コンサルタント

東洋経済新報社

はじめに

ある日、女性の部下に「妊娠しました」と報告されたら、マネジャーであるあなたはどうしますか。

実際に、そのような報告を受け、その後産休に入るまでどう接すればよいのか分からなくて困ったという経験をした管理職の方も増えてきたのではないでしょうか。育休から復職してくる女性の部下について、どのように受け入れるべきなのか頭を抱えている人もいるかもしれません。まだ経験はなくても、部下の顔を見回して、いつそのような報告があってもおかしくない、明日は我が身だと感じる人も少なくないのではないでしょうか。

女性の採用比率は年々高まっています。ここ数年で女性の採用を積極的に進めてきた多くの企業において、働きながら、結婚、妊娠・出産といったライフイベントを次々と経験していく女性社員が増え始めています。

統計的に見れば、妊娠・出産後も仕事を続け、子育てしながら働く女性社員は増えました。しかしながら、1人1人の管理職の立場に立って見てみると、これまで、妊娠・出産後も仕事を続け、子育てしながら働く女性社員を部下に持ち、彼女たちの業務の管理や育成・評価などを実際に行った経験のある管理職は一部にすぎません。子育てしながら働く女性の部下を持ったことのある管理職は未だきわめて少ないのです。

そのため、冒頭のように「妊娠しました」と報告され、突如、子育てと仕事を両立しようとする女性を部下に持つこととなる事態は、多くのマネジャーにとって、未経験もしくは経験の乏しい（おそらく相当不安な）事態の発生です。ただただ何事もなく時が過ぎますようにと祈願したり、自宅で妻に「○○（お子さんの名前）を妊娠したときってどんな感じだったっけ」とうっかり聞いてしまい、「あのときは何もしてくれなかった」などと寝た子を起こす事態を招いて、収束するのに精一杯、当初の問題解決には至らなかったといった人も少なくなかったのではないでしょうか。

これまで、子育てと仕事を両立しようとする女性を部下に持つことは、一部のマネジャーのみが対処を迫られる「イレギュラー事象（社内の一部で例外的に起こること）」でした。しかし、これからは違います。すべてのマネジャーの方にとって、子育てと仕事を両立しようとする女性を部下に持つことは、「レギュラーな事象（すべての管理職において日常的に起こること）」になります。

妊娠・出産こそしないものの、育休を取って復職してくる男性の部下、働く妻を持ち、家事や子育てを対等に分担しながら働く男性の部下を持つ管理職も、今以上に増えるでしょう。子育てと仕事を両立しようとする部下を抱えることのレギュラー化は、確実です。

筆者は2015年、「今後、企業で働く女性の中に、出産や子育てにも前向きでありながら、自身のキャリア形成にも前向きな『フルキャリ』が増えてくる」と発表しました。これまで企業で働く女性は、キャリア重視で仕事に邁進する「バリキャリ」か、生活を優先して働く「ゆるキャリ」のどちらかで捉えられてきました（実際には、本人の意向というよりも、環境が許さず、仕事か生活かのどちらかを選ばざるを得なかった人も多数いたと思っています）。

しかし近年、どちらか一方を優先するのではなく、どちらも可能な限り頑張り、充実させたいと考える女性が増えてきたと考えています。プライベートでは結婚も出産もして、家事や子育てにも積極的に取り組みながら、仕事でも、周囲の期待に応える成果をしっかりと出して、仕事を通じて少しでも自分を高めていきたいと考えるような、働く女性です。

筆者は、彼女たちをバリキャリでもなく、ゆるキャリでもない、フルキャリと定義しました。そして、これまで企業は、実はフルキャリが、少なくとも子育ての発生前後においては持ち合わせている仕事への高い意欲を十分に業務成果（パフォーマンス）に転換できてこなかったことに着目しました。

言い方を換えれば、フルキャリのパフォーマンスの伸びしろはまだあるということです。今後、人的リソースの不足が避けられない日本の多くの企業において、社員1人1人のパフォーマンスを最大化することが重要課題であることに異論がある方はいないはずです。

それを証明するように、社員がシニアになっても活躍してもらえるような手法、ゆとり世代ともいわれる若い世代の仕事への意欲を最大化するための手法などをテーマにした書籍が、多数店頭に並んでいるのを見掛けます。もちろん、シニアや（ゆとりかどうかは別にして）未来をけん引する若い世代の活躍を最大限に引き出すような、従来のやり方に捕らわれない新しい取り組みは重要だと筆者も思います。ただし、さらなる活躍、つまり業務成果をより引き出そうとする相手として、現在子育てしながら働くフルキャリ、これから子育てしながら働こうとするフルキャリも有望なターゲットになり得ると考えました。

そして、労働力不足が深刻化する我が国において、企業はフルキャリの活躍を最大限に引き出す取り組みを意識的に行っていくべきであるとし、フルキャリの戦力化のために必要な打ち手についての調査研究を続けてきました。

実は、働く女性の新しいセグメントとしてフルキャリを提唱したことで、様々なところから大きな反響がありました。企業の経営者や関連部署の方々から多数寄せられた声は、「我が社の女性活躍に向けた取り組みの方向性は今のままで大丈夫なのか」というものでした。政府や先行企業が進める女性活躍推進の流れに乗り遅れることなく、実直に環境を整備してきた企業ほど、「自社として女性社員にどうして欲しいのか」があいまいになっている傾向が見受けられました。

その他、多数寄せられたのはフルキャリ本人たちの声です。「どちらも頑張りたいとする今の自分の気持ちは決してわがままではないんだといってもらえたようでほっとした」、「諦めないでもいいのかもしれないと前向きになれた」といった声が多く寄せられました。わがままか否かはさておき、どちらも頑張りたいという理想とそれは無理なことなのではないかという現実との狭間で、落ち着かない状態だった働く女性が多数存在していることを、改めて確認することとなりました。

私は、新卒で現在の会社に入社し、コンサルタントとして、官公庁・自治体より受託した調査研究や民間企業の事業戦略策定支援、新規事業創造支援などの業務に従事してきました。私の能力に対する会社の評価は、決して高い方ではなかったと思います。それでも、入社当初から、一言でいって、仕事をすることが好きでした。「誰かの役に立つ仕事をしたい」、「いい仕事ができるようになりたい」といった仕事への意欲はそこそこ高い方だったと思います。

入社4年目に結婚、翌年第1子を授かります。約1年の育児休業を取得した後、時間短縮勤務制度を利用して復職。2年後に第2子を授かり、再び約1年の育児休業を取得して復職。人材育成に従事されたことのある方であればお気付きだと思いますが、一般的にいえば、キャリアの立ち上げにおいて重要な入社5〜10年目の時期に、2度の出産と育休取得、数年間にわたる時短勤務が重なりました。

今思えば、その先に予想される状況は明白だったと思います。しかし、当時、身近に同じ状況の人がいませんでした。同じ経験をしてきた人が行き着いている将来の姿を間近に見る機会もなかったことで、当時の一つ一つの選択（復職後どのように働くか、上司に何を相談・共有するべきなのか、自分のキャリアをどう考えるかなど）について、あまり深く考えることはありませんでした。当の本人がどうすればよいかが分からないわけで、当時の上司たちは私の扱いに私以上に困惑したのではないかと思います。思い返せば、私自身は「今はこれでよし」、マネジャーも「今はこれで仕方なし」とお互いに線を引いていました。

今になって思うのです。私自身もマネジャーも、もう1歩ずつ踏み込むことができていれば、今、私には全く違う景色が見えていたのではないかと。会社が私を通じて獲得できたものもより大きかったはずです。実は、1回目の復職から5年経った頃から、私も、そして当時の上司も、1歩ずつ私のキャリア形成に踏み込み始めます。とはいえ、仕事とキャリアのギアをＬＯＷに置いたまま、文字通り両立ロードを走り続けてきた5年間。その時間を埋めていく作業は、私にとっては当然のことながら、上司にとっても、会社にとっても大きな負荷となったことは否めません。

このように決して理想的な両立を実現できてきたわけではなかった私ですが、それでも次第に、社内外の働く女性から相談を受ける機会が増えました。多くの人が、話の端々に「仕事も諦めたくない」という仕事への意欲を見せているのに（だから相談してくれるのでしょう）、子育ての発生という新しい環境変化を目の当たりにして、「仕事での成長を考えるのは子育てが少し落ち着いてから」と考えているようでした。そうしたいという意思がある人もいれば、そうすべきなのではないかと考えている人もいました。いずれにしても、彼女たちの状況は、当時の私と非常に似ていたのです。

当初は、復帰直後の大変さが痛いほど分かりましたから、私から彼女たちに投げ掛ける言葉は、「無理をしないで」、「十分頑張っているよ」という言葉が中心だったのですが、あるときから「大変だと思うけれど、今の仕事を続けていきたいと思うのであれば、キャリアはキャリアで先送りにしないで意識したほうがいいかもしれない。将来のあなたの助けになる」というような言葉が出てくるようになりました。先に述べたように、育児期であっても、キャリアを考えた行動を少しずつでも積み重ねていくことの重要性を、後になって痛感したからです。

そして最近、社内外の同世代が部下を持ち始め、マネジャーを務める方々（主に男性）から女性の部下のマネジメントについて相談を受ける機会が増えてきました。これまでは、1人の経営コンサルタントとして、企業は重要な経営課題としてこの問題に取り組むべきだと主張してきました。でも、マネジャーの方々からの相談の内容を聞いているうちに、すでに問題は現場のあちこちで起きている。今、対応に悩んでいるマネジャーにとっては、勤め先の制度や環境が現場の実態に合ったものになるのを待っているのでは遅いのだと感じるようになりました。

そこで、現場のマネジャーの方にも、これまでの調査研究から得られている示唆を直接伝えられればと思い、筆をとりました。

調査研究を始めたきっかけは筆者自身の経験から生じた問題意識でしたが、本書は、多くの女性やマネジャーの方を対象に実施したアンケート調査やインタビュー調査の結果、企業事例などから客観的に得られた示唆をまとめることに留意しました。

今まさに、子育てと仕事を両立しようとする女性の部下を抱えるマネジャーはもちろん、近い将来、そうした女性の部下を抱えることになるマネジャーとマネジャー候補の方々が、本書をお読みいただくことを通じて、得体の知れない相手と恐れずに、フルキャリと正面から向き合っていただけたら嬉しいです。


なお、本書では、一般的に「総合職」と呼ばれる基幹的業務に従事する社員を対象に話を進めさせていただきます。特に断りがない場合でも、総合職として働く社員を想定して読み進めていただければ幸いです。ただし、家事や子育てにも積極的に取り組みながら、仕事でも、周囲の期待に応える成果をしっかりと出したいと考えるフルキャリは、総合職のみに存在するのではなく、出現率にこそ差はあっても、いかなる雇用形態や職種などにも存在すると考えています。また、フルキャリは女性のみに存在するのではなく、男性にも存在します。本書は女性のフルキャリに焦点を当て、話を進めていきますが、フルキャリの活躍につながるマネジメントは、性別を問わず全てのフルキャリに有効だと考えています。

フルキャリマネジメント　目次

第2章 なぜ、女性の部下のマネジメントが難しいのか

――「バリキャリ」でも「ゆるキャリ」でもない「フルキャリ」の出現

第3章 フルキャリは何を望んでいるのか

――アンケートから見えてきたフルキャリの特徴

第4章 フルキャリの活躍を引き出すマネジメント
――キーワードは「期待」「共有」「機会付与」

第6章 フルキャリのパフォーマンス最大化のために企業がすべきこと

——「フルキャリWL&Gマネジメント」を行いやすい環境整備を

第1章

女性の部下の育成に自信が持てない管理職

――増える子育てしながら働く女性と困惑する男性管理職

- 働く女性の増加に伴い、女性社員を部下に持つ管理職は増えていますが、子育てしながら働く女性を部下に持ち、指導・育成してきた経験を持つ管理職は多くはありません。
- 女性本人も、自分の本音が分からないまま育休から復職する場合が少なくなく、現在の管理職が、女性の部下の本音が分からない、指導・育成することが難しいと感じるのは現時点では当然の結果である、と筆者は考えます。

(1) 増える子育てしながら働く女性

◉職場を様変わりさせている働く女性の変化

最近、「以前より、入社を希望してくる学生の中に女性が目立つ」、「以前より新入社員の中に女性が増えた」と感じていらっしゃる方は多いでしょう。

次のグラフは、大学卒の就職者のうち女性が占める割合（以下、女性比率）の推移です。今から18年前の２０００年の女性比率は30％台でした。その後、約10年間でおよそ10ポイント上昇し、２０１７年の女性比率は50％近くまで上昇の一途をたどりました。以前は３人に１人が女性社員だったのに対し、今では２人に１人が女性社員です。入社してくる社員の中で少数派であった女性は、今や少数派を卒業しています。

ここ数年で、企業の中に増え続ける女性社員ですが、彼女たちの中でさらに育児休業を取得する人が増えていることも、職場の様子を様変わりさせている一因だと思います。

「雇用均等基本調査」によると、２０１７年度の女性の育児休業取得率（出産した者に占める育児休業者の割合）は83・２％と前年度に比べて１・４ポイント上昇しました。２

図表１－１　大学卒就職者のうち女性が占める割合

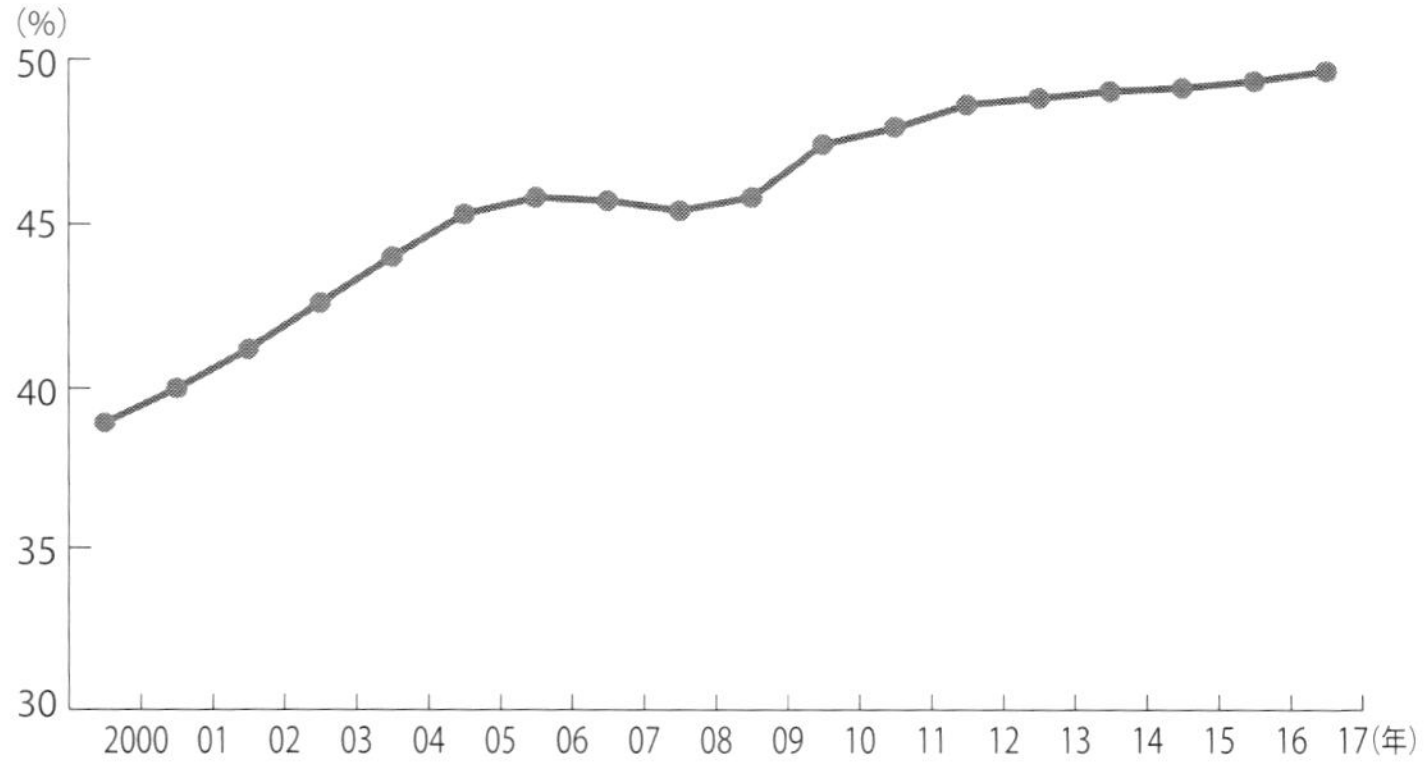

（出所）文部科学省「学校基本調査（卒業後の状況調査）」

００２年度の女性の育児休業取得率64・０％と比べると15年間で大きく女性の育児休業取得率が高まったことが分かります。また、育児休業給付金受給者数（初回受給者数のうち女性）で比較すると、２０１７年度は32・９万人に上り、10年前と比べると倍増していることが分かります。

育休取得者が増えたということは、子どもを出産して復職してくる社員が増えたということになります。もちろん、育休取得者全員が復職するとは限りません。子どもや家庭の事情、子どもの預け先の問題、出産後の自身の価値観の変化などにより、退職を希望したり、もしくは復職したくてもできずに退職してしまったりするケースもあります。

一方で、子育てと仕事が両立しやすい環境整備が進んだ結果として、育休取得者の復職率がほぼ100%という企業が増えていることも事実です。ここ数年で、子どもを出産して復職してくる女性社員、つまり子育てしながら働く女性社員が現場に増えてきたことは、こうしたデータから見ても明らかです。

◉子育てしながら働く女性部下を持つことが当たり前に

「はじめに」で述べたように、これまで、管理職に就く方において、子育てしながら働く女性を部下に持つことは「イレギュラーな事象（社内の一部で例外的に起こること）」でした。これからは違います。データで御覧いただいたように、2人に1人を占める女性社員の多くが、ある年齢に差し掛かると、結婚し、妊娠・出産して、子育てによる就労制約を伴う形で職場に戻ってくるのです。すべての管理職の方にとって、子育てしながら働く女性を部下に持つことが、「イレギュラーな事象」ではなく、「レギュラーな事象（すべての管理職において日常的に起こること）」になることは想像に難くないでしょう。

⑵ 女性活躍ブームがもたらした管理職へのプレッシャー

◉「女性活躍推進法」による現場への影響

2015年8月、「女性の職業生活における活躍の推進に関する法律（通称：女性活躍推進法）」が成立しました。この法律は、「女性が、その希望に応じ、職業生活において活躍できる環境を整備すること」を狙ったものです。女性活躍推進法が制定される前、古くは、1985年の男女雇用機会均等法に始まり、これまでも女性の活躍を推進させようとする動きはありました。しかし、第2次安倍内閣が、2013年に掲げた「日本再興戦略」の中で、女性の活躍推進を最重要課題の1つとし、先に挙げた女性活躍推進法の成立に至ったことで、女性の活躍推進に対する企業の取り組みは、事実上、大きく前進しました。

女性活躍推進法の成立により、従業員301人以上の企業は、⑴自社の女性の活躍状況の把握・課題分析、⑵⑴で挙がった課題解決のための行動計画の策定・届出、⑶自社の女性の活躍に関する情報の公表を行う義務が課せられました。また、女性の活躍状況を図る指標として、「採用者に占める女性比率」、「勤続年数の男女差」、「労働時間の状況」、「管理職に占める女性比率」が挙げられました。とりわけ、多くの企業の経営層が、自社の「採用者に占める女性比率」や「管理職に占める女性比率」に関心を持ち始め、現場（主に人事部門）に目標の設定と達成へのプレッシャーが掛かり始めたのです。

現場は大変です。「採用者に占める女性比率」はまだなんとかなっても（そうはいってもなんともならない業界・業種も多かったと思います）、「管理職に占める女性比率」は一朝一夕には変えられるものではありません。

まずは「採用して、育成して、辞めさせないこと」をモットーに、企業は、人事部門を中心に、仕事と家庭が両立できる環境をアピールして女子学生の獲得に奔走したり、結婚や出産を機に離職する女性社員の声を聞いて、仕事と家庭の両立支援策の充実を図ったりしてきました。皆さんが舵を取る現場でも変化が起きたのではないでしょうか。配属されてくる新人の中の女性比率が年々高まっていると感じている方、初めて部下に女性が配属されてきたという方、意識改革や制度理解を目的とした管理職研修への参加が課せられたりした経験のある方もいるのではないでしょうか。

◉子育てしながら働く女性部下のマネジメント手法は確立の途上

企業は、各種制度の導入、研修の実施など、面的対策を講じる一方、現場のマネジャーにも、「女性社員をしっかり育てて」とメッセージを送り始めることになりました。職場でどのような経験をするか、それを通じてどのような技能形成、意識形成が行われるかが、男女問わず、その後のキャリア形成に大きく影響することについては疑いようがありません。どのような経験をさせるか、どのような技能形成、意識形成を促すかについては、現場のマネジャーの裁量によるところが大きいことから、増える女性社員のキャリア形成についても、必然的に、現場のマネジャーに頼らざるを得ない状況となりました。

女性のキャリア形成を考えるにあたって、切り離せないのが結婚や出産といったライフイベントとの関係です。一般的に、職場において人がどのような環境、機会付与、支援によって能力を向上させていくのかについての研究、またそうした研究結果に基づく、有益な人材育成手法は多数存在しています。しかしながら、女性社員が出産や子育てといったライフイベントを経験し、仕事との両立を図りながらも、職場での能力を確実に向上させるための手法については、そうした女性社員のキャリアや能力向上の歴史が浅いことから、手法の有効性を検証するためのエビデンスが十分ではありません。経験則に基づいて有益だと考えられる手法こそあっても、まだまだ手法が確立しているとはいえないのが現状です。そのような中では、「女性社員をしっかり育てて」といわれても、本人が結婚したり、ましてや妊娠したり出産するとなれば、「他の人と同じでよいのか」、「何をどう変える必要があるのか」など、対応に困惑してしまうのはある意味で当然だと考えます。

(3) 子育てしながら働く女性部下のマネジメント経験がある管理職はわずか

◉男性管理職の約80％は女性部下のマネジメント経験がある

続いて、筆者が管理職を対象に実施したアンケート調査の結果を用いて、管理職における女性の部下のマネジメントに関する現状や課題を確認していきましょう。

調査は、三大都市圏に居住し、従業員1000人以上の企業で、部下を1人以上持つ管理職の男性4718人を対象に実施しました。次の図は、そのうち課長クラスの3212人の結果です。

調査の結果によると、これまでに一度も女性を部下に持った経験がない管理職は20・9％でした（図表1―2）。約80％は女性を部下に持った経験がある、つまり女性の部下

図表１－２　これまでの女性部下の有無

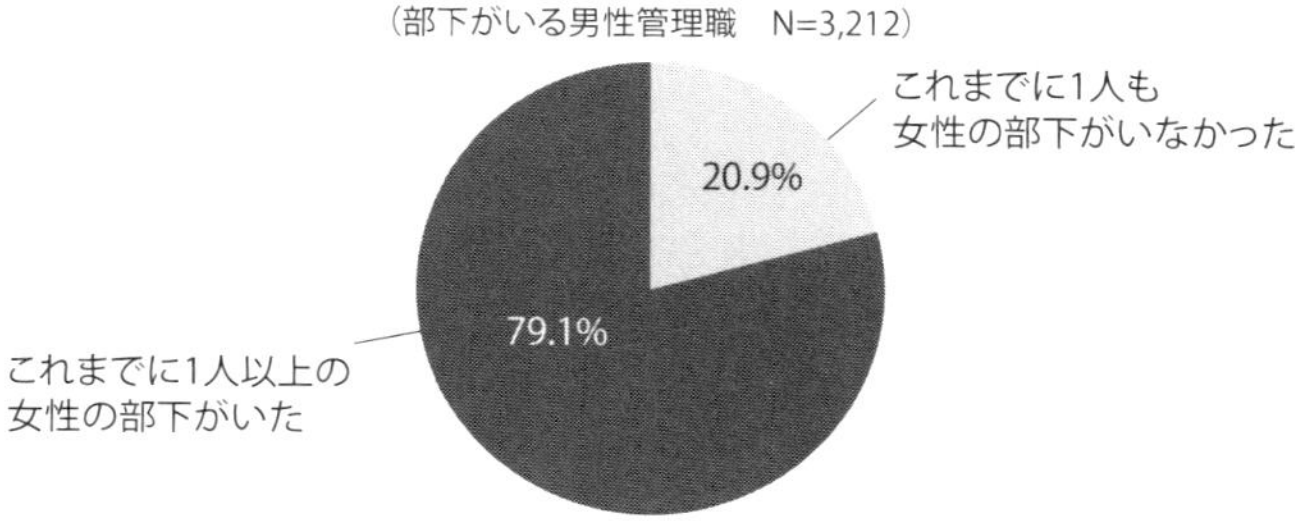

（注１）本アンケート調査における「部下」とは、「総合職」と呼ばれる基幹的業務に従事する社員のことを指す（以降、特に断りのない限り同じ）

（注２）アンケートに回答した男性管理職 4,718 人のうち、課長クラス 3,212 人について集計した結果である（以降、特に断りのない限り同じ）

（出所）NRI「男性管理職 4,718 人に聞く人材マネジメントの現状と課題調査（2018 年）」

図表１－３　現在の部下における女性部下の有無

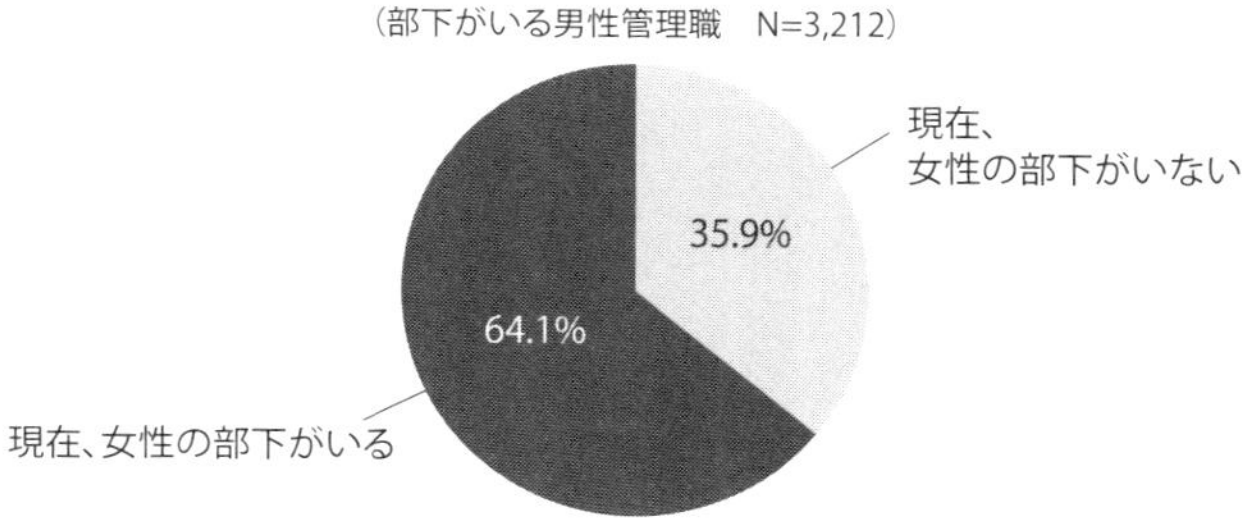

（出所）NRI「男性管理職 4,718 人に聞く人材マネジメントの現状と課題調査（2018 年）」

図表1－4　最初に女性の部下を持った時期

（これまでに１人以上の女性の部下を持った経験のある 男性管理職　N=2,541）

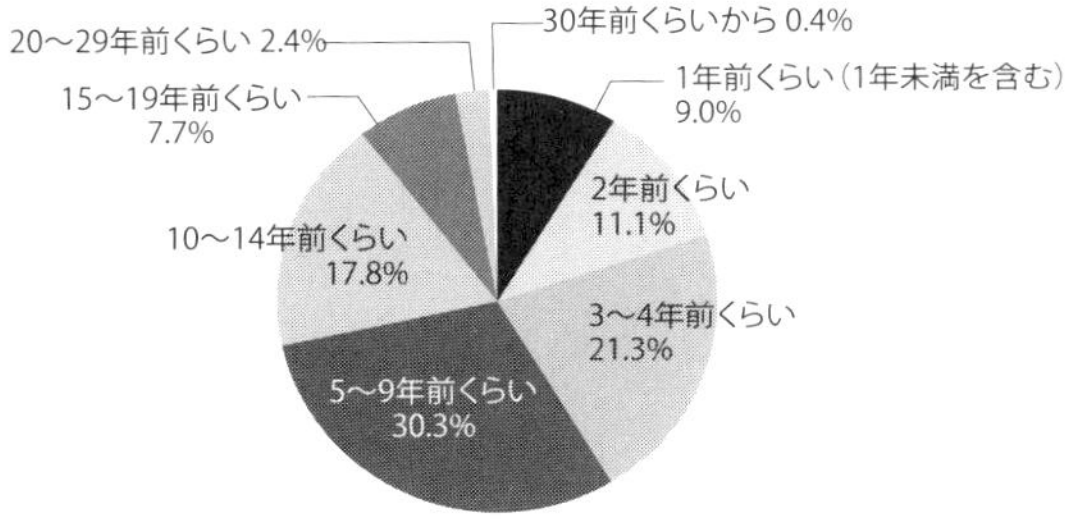

（出所）NRI「男性管理職 4,718 人に聞く人材マネジメントの現状と課題調査（2018 年）」

のマネジメント経験があることが分かりました。

また、現在、女性の部下を1人以上持つ管理職は全体の64・1％でした（図表1－3）。現時点でも女性の部下を持つ管理職の方は決して少なくありませんでした。

続いて、女性の部下を持った経験のある管理職に、最初に女性の部下を持った時期について確認してみました。管理職が初めて女性の部下を持った時期として最も多かったのが、5～9年前（30・3％）、続いて3～4年前（21・3％）でした（図表1－4）。ちょうど、第2次安倍内閣が、成長戦略の中で女性の活躍推進を掲げたのが2014年、今から5年前です。その前後で、組織全体の中に女性の部下が増えていき、部下の中に女性を迎える管理職が増えてきた様子がうかがえます。

図表1－5　現在の女性部下の人数

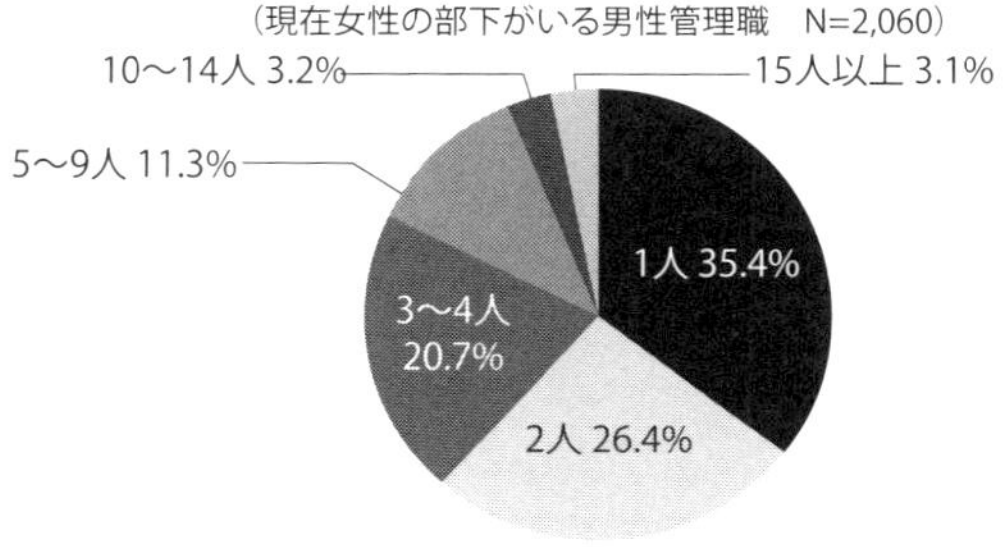

（出所）NRI「男性管理職4,718人に聞く人材マネジメントの現状と課題調査（2018年）」

この調査の結果からも、ここ数年の女性活躍推進を背景に、女性の部下を持つ管理職は、抱えたことのある女性の部下の人数こそ少ないまでも、確かに多くなってきていることが分かりました。

一方、現在、女性の部下を持つ管理職に、女性の部下の人数を確認した結果が図表1－5です。最も多かったのが1人で35・4％でした。続いて、2人が26・4％、3～4人が20・7％と続きました。現在女性の部下が1人以上いる男性管理職の中で、5人以上女性の部下がいる管理職は17・5％にとどまりました。

調査の結果から、女性の部下を持つ管理職は確実に増えてきている一方で、未だ3人に1人は女性の部下がおらず、女性の部下がいたとしてもその多くが女性の部下は1、2人という実態がうかがえました。

図表１－６　子どものいる女性の部下の有無

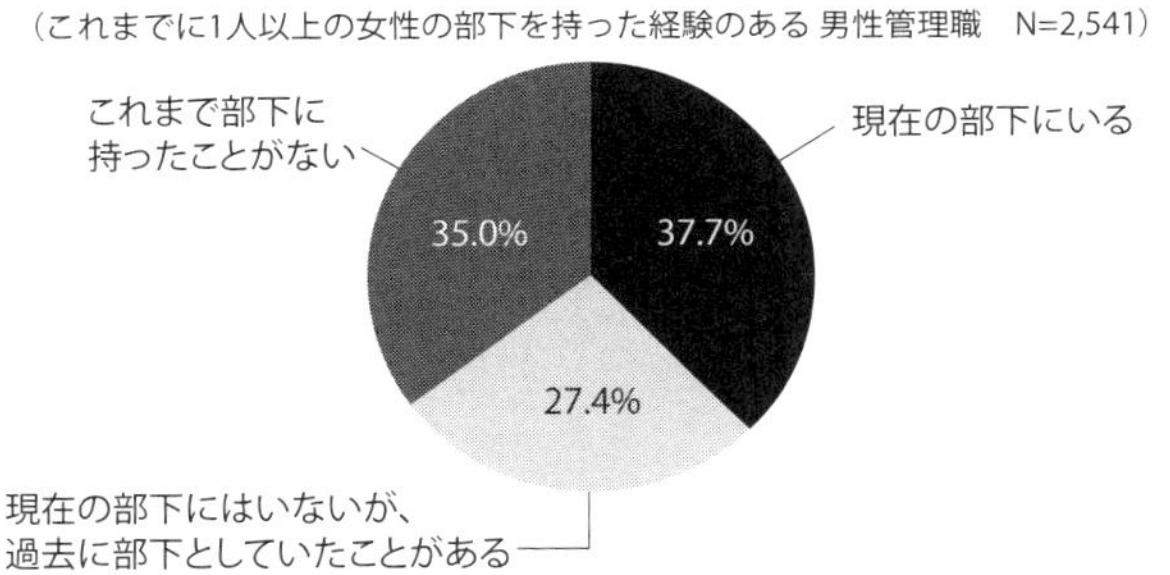

（出所）NRI「男性管理職 4,718 人に聞く人材マネジメントの現状と課題調査（2018 年）」

◉子育てしながら働く女性を部下に持ったことがある管理職は少ない

では子育てをしながら働く女性を部下に持つ管理職はどのくらいいるのでしょうか。

同じアンケート調査の結果によると、現在、子どもがいる女性の部下を持つ管理職は37・7％でした。一方、これまでに一度も子どもがいる女性の部下を持ったことがない管理職も35・0％いました（図表１－６）。子育てしながら働く女性を部下に持つことは、一部の管理職で「現在の自分ごと」であり、それと同じくらいの管理職において「全くの未経験のこと」である実態が分かりました。

また、未婚の女性の部下を持つ管理職は過半数（54・9％）に及びました（図表１－７）。すべての未婚の女性が今後結婚し、出産するとは限りませんが、未婚の女性の部下の多くがここ数年で入社してきた比較的若い年齢層であることを踏まえると、「子育てしながら働く女性予備軍」を部下に抱える管理職はかなり多い様子もうかがえる結果となりました。

これまでに子育てしながら働く女性の部下を持ったことがある管理職に、これまでに何人の子育てをしながら働く女性の部下を持ったことがあるかを確認すると、1人が多く、32・2%となりました（図表1―8）。子育てしながら働く女性を部下に持ったことのある管理職であっても、半数の管理職は1～2人、多くて3～4人とわずかであることが分かります。

管理職として接してきた部下の総人数と比べると、子育てしながら働く女性の部下のマネジメントの経験値は、他者のものと比較にならないほど低くてあたりまえであることがデータからも推測できます。

子育てしながら働く女性の部下のマネジメント経験が「ある」と明言できる管理職は、未だごく少ないといえるでしょう。

図表1－7　未婚の女性の部下の有無

（これまでに1人以上の女性の部下を持った経験のある 男性管理職　N=2,541）

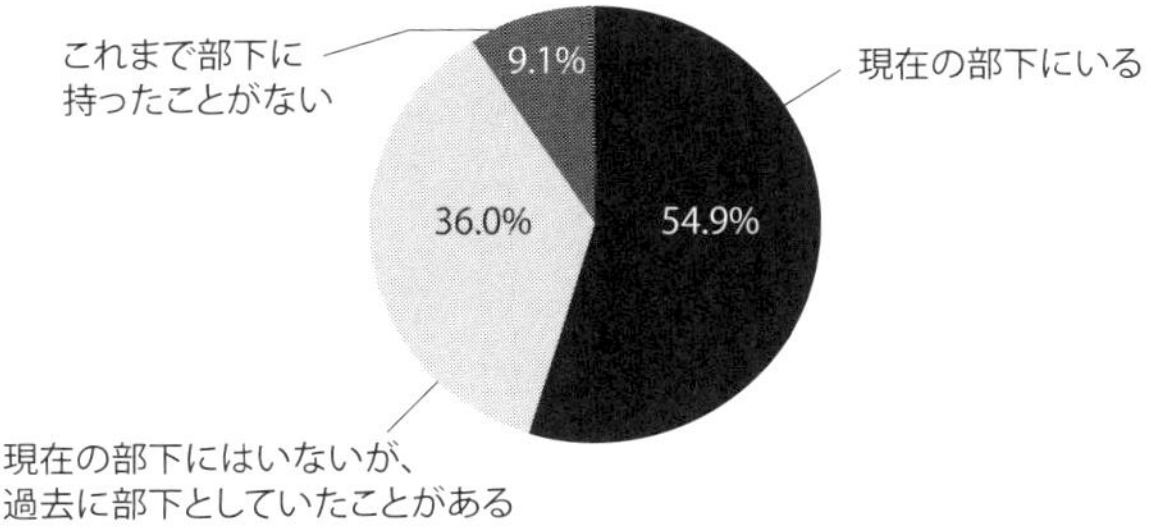

（出所）NRI「男性管理職 4,718 人に聞く人材マネジメントの現状と課題調査（2018 年）」

図表1－8　部下に持ったことがある、子育てをしながら働く女性部下の人数

（これまでに子どもありの女性の部下を持った経験のある 男性管理職　N=1,652）

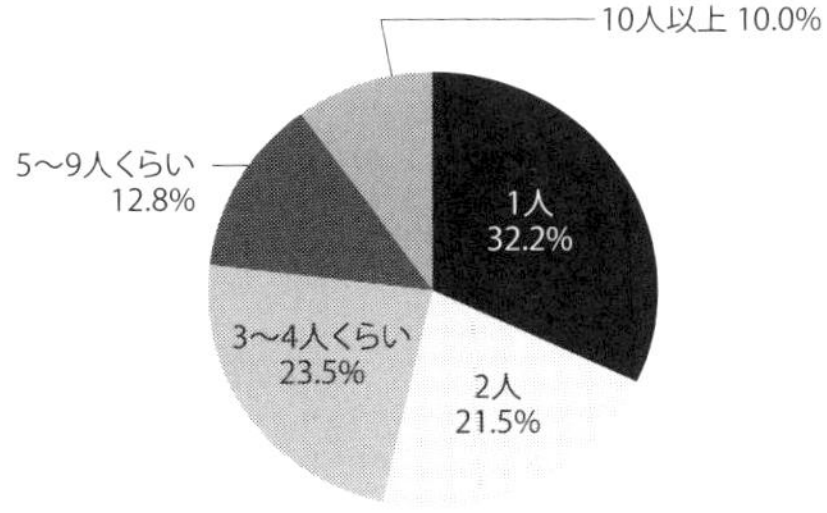

（出所）NRI「男性管理職 4,718 人に聞く人材マネジメントの現状と課題調査（2018 年）」

(4) 女性の部下の育成に自信がない管理職は結構多い

◉女性の部下の育成に困惑する男性管理職

図表1－9は、管理職の部下の育成についての自信の有無を聞いた結果です。

調査の結果、約70％の管理職が「部下の育成に自信がある」と回答しています。多くの管理職が部下の育成に一定の自信を持っていることが分かりました。管理職として、部下にどのような人材に育って欲しいか、そのためにはどのような育成をしていくべきかなど、日頃から個々の管理職がそれぞれの考えを持って部下と接している様子がうかがえます。

ただし、この部下の育成についての自信の有無を部下の性別ごとに確認してみると、興味深い結果となりました。

同性である男性の部下の育成については、74・5％の管理職が「育成に自信がある」とする一方で、異性である女性の部下については「育成に自信がある」と回答した管理職の割合は男性と比べて20ポイントも下がり、54・5％となりました（図表1－10）。約半数の男性管理職が、「女性の部下の育成に自信がない」と回答しました。

図表１－９　部下の育成についての自信の有無

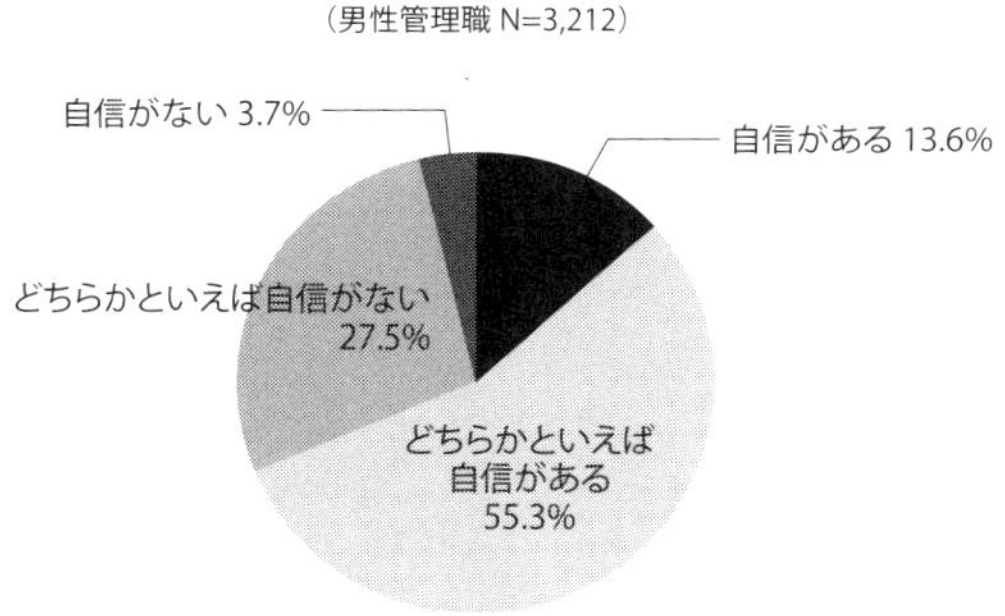

（出所）NRI「男性管理職 4,718 人に聞く人材マネジメントの現状と課題調査（2018 年）」

図表１－10　部下の育成についての自信の有無（部下の性別ごと）

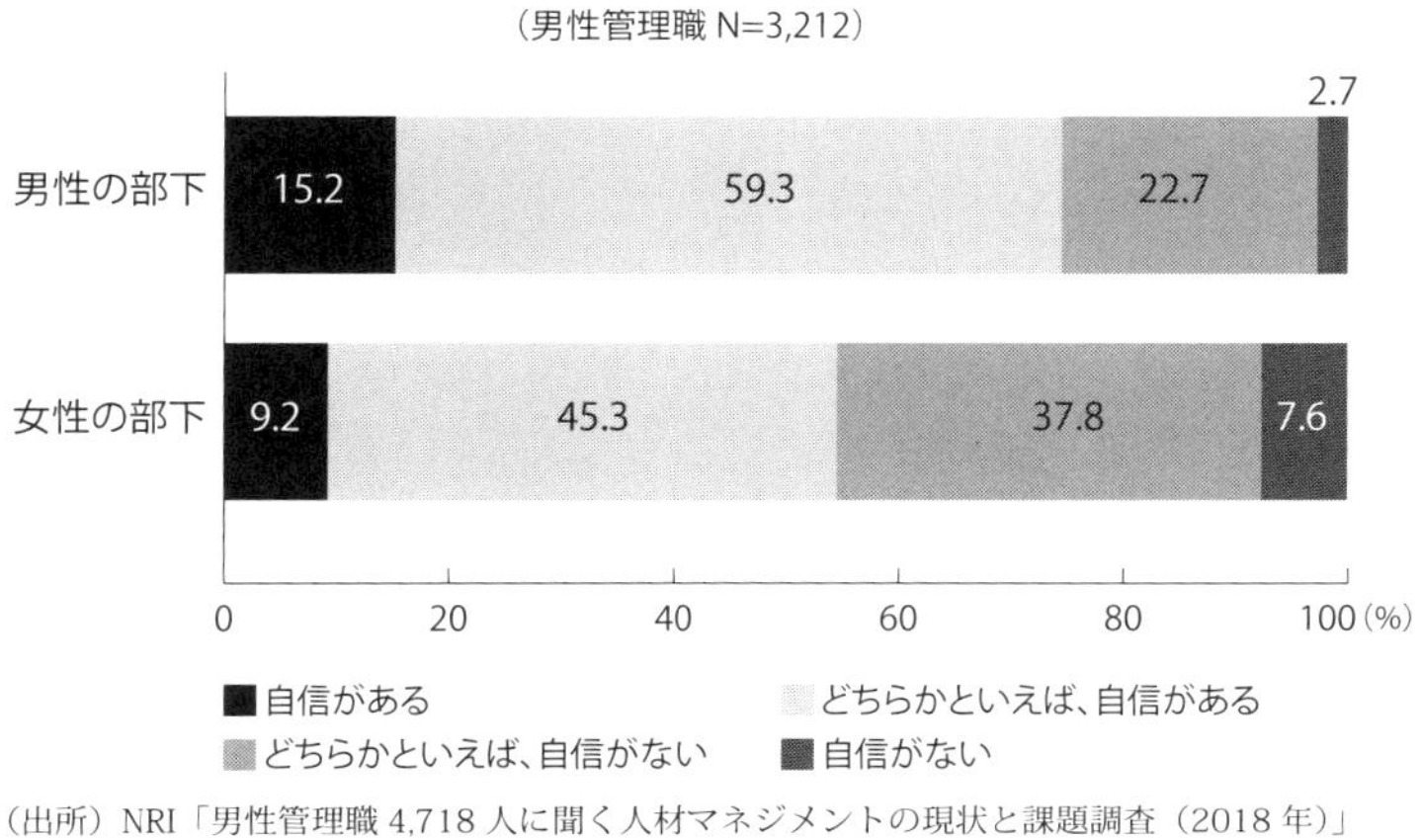

（出所）NRI「男性管理職 4,718 人に聞く人材マネジメントの現状と課題調査（2018 年）」

図表1―11と図表1―12は、部下の育成についての自信の有無を管理職経験年数別に確認した結果です。管理職の経験年数が上がるほど、男性の部下の育成には一定の自信を持つ管理職が大幅に増えていく結果となりました。3～4年も管理職を経験すれば、8割近くの管理職が少なくとも男性の部下については、一定の自信を持つ様子がうかがえます。

一方、女性の部下の場合は、経験年数が上がるほど自信を持つ管理職が増えてはいきますが、男性の部下の場合ほどは増えません。管理職経験が10年あっても、2人に1人の管理職は「女性の部下の育成に自信がない」と回答しています。

前述のように、管理職の経験年数が長いといっても、多くは男性の部下を育成してきた経験が中心です。そのため、ベテランの管理職であっても、女性の部下を指導・育成したことがある人は少ないことが影響しているのではないかと考えます。女性の部下、ましてや子育てしながら働く女性の部下を目の前にして、ベテラン管理職であろうが若手管理職であろうが、同様に困惑している状況がうかがえます。

◉困惑の理由その①　女性の部下の涙

では、男性管理職は女性の部下の育成のどのようなことに悩んでいるのでしょうか。

図表1－11　管理職経験年数別　『男性の部下』の育成についての自信の有無

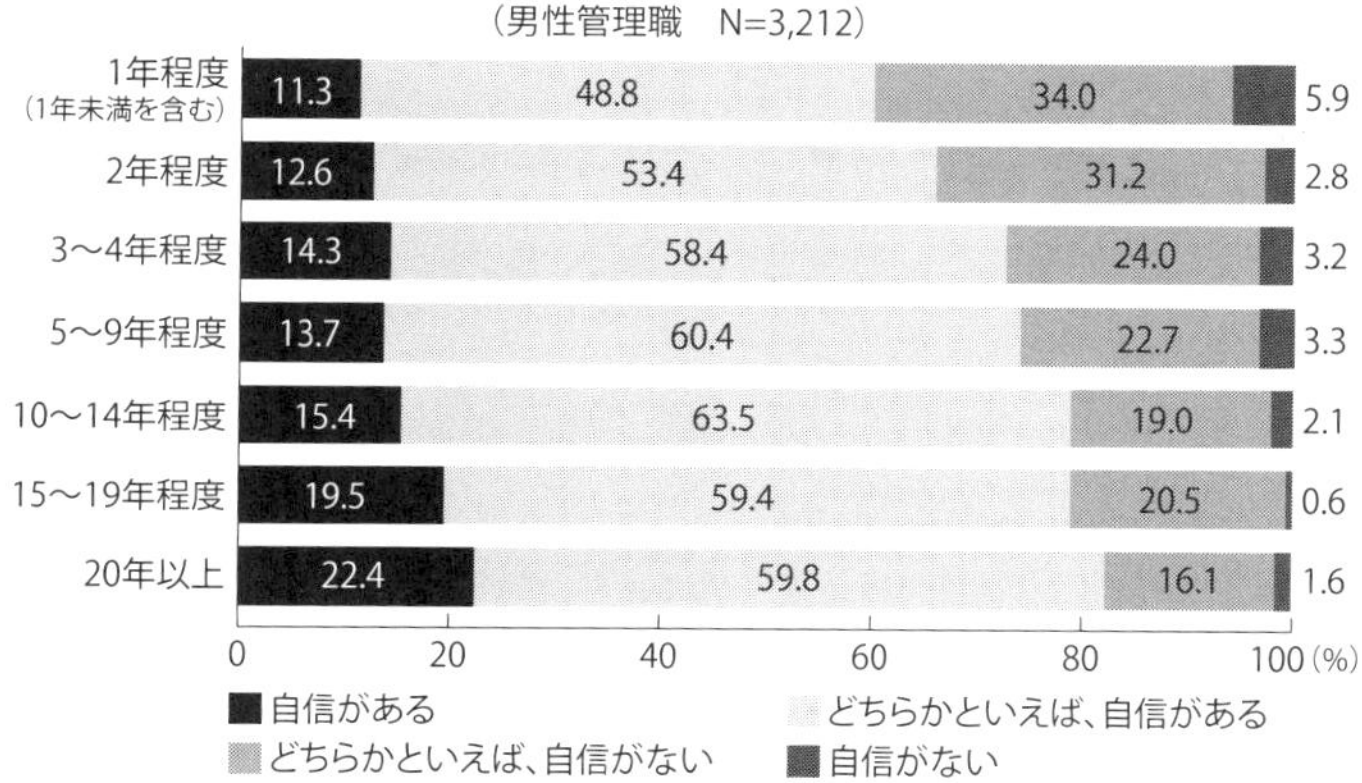

（出所）NRI「男性管理職 4,718 人に聞く人材マネジメントの現状と課題調査（2018 年）」

図表1－12　管理職経験年数別　『女性の部下』の育成についての自信の有無

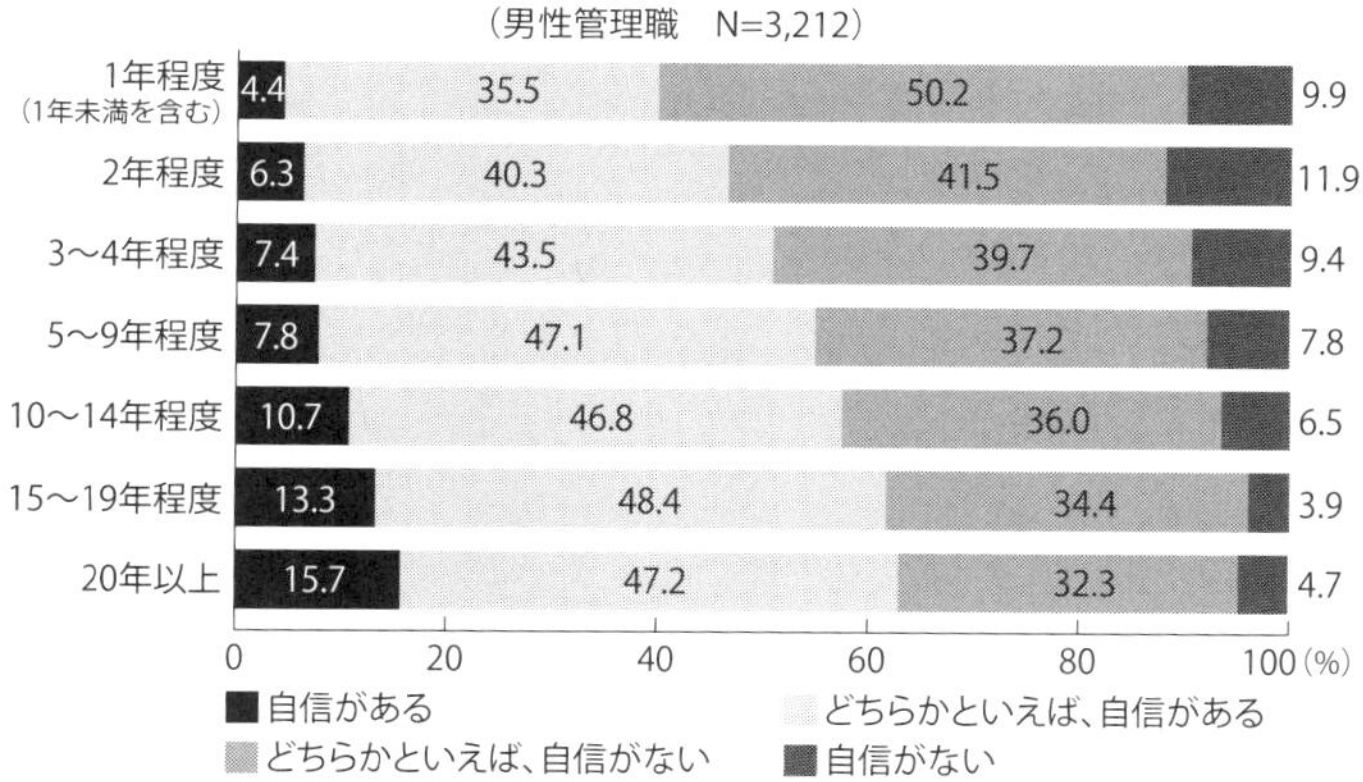

（出所）NRI「男性管理職 4,718 人に聞く人材マネジメントの現状と課題調査（2018 年）」

図表1－13　「女性の部下」を指導・育成する上で悩みに思うこと

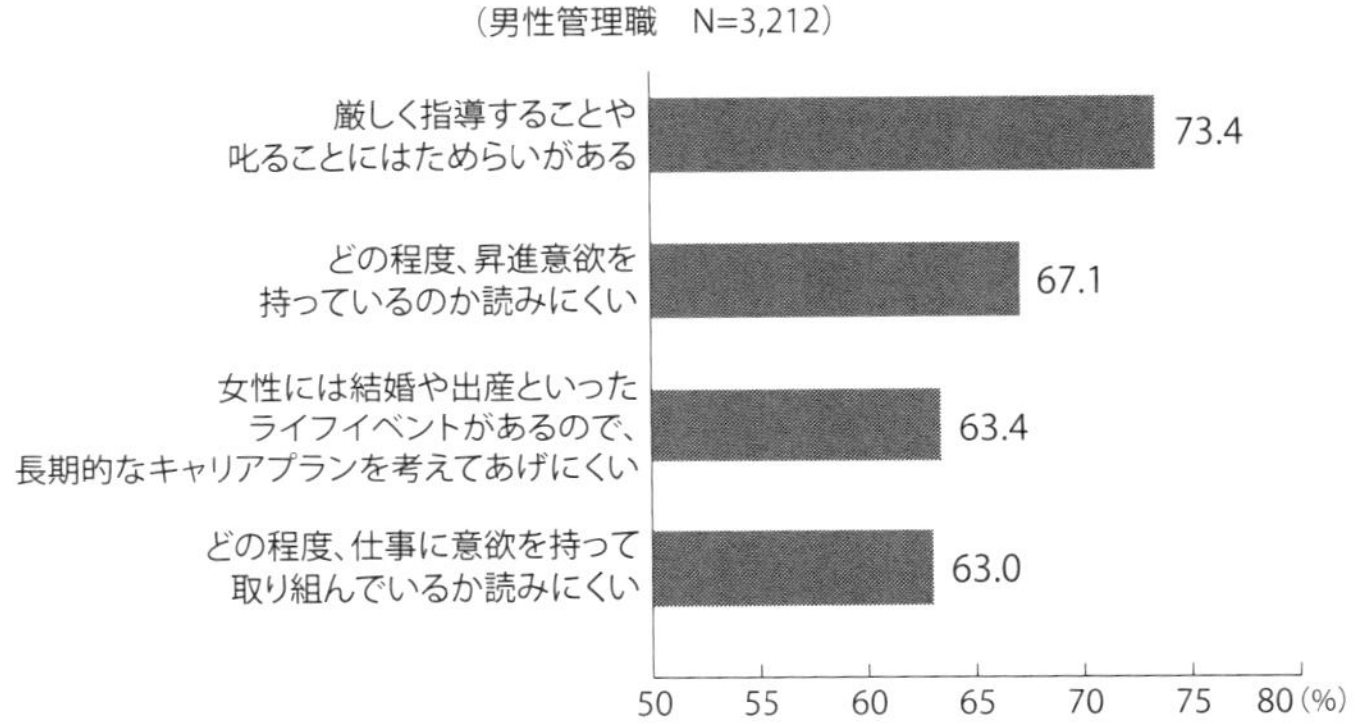

（注）「そう思う」、「どちらかと言えばそう思う」と回答した人の合計
（出所）NRI「男性管理職4,718人に聞く人材マネジメントの現状と課題調査（2018年）」

最も多くの管理職が女性の部下を指導・育成する上での悩みとして挙げたのは、「厳しく指導することや叱ることにはためらいがある」でした（図表1―13）。73・4％に及び、大半の管理職が女性の部下への指導の〝程度〟に悩みを感じていることがうかがえます。「女性の部下は泣くなど感情を表に出すので、仕事やキャリアについて冷静に話し合うことが難しいか」という問いに、「そう思う」と答えた人も半数を超えました（52・3％）。「女性はすぐに泣いてしまうので日々の業務についての指導も中長期のキャリアについての話も男性の部下と同じように行うことが難しい」と考えている人が多いようです。

話が若干それますが、ある女性役員の方が、女性管理職の強みについて次のようなことをおっしゃっていました。「女性管理職の強みは、涙に強いことである。男性管理職は部下が涙を見せると思考停止になり、その先に厳しいことをいえなくなる傾向があるが、女性管理職は涙に慣れているので、目の前の部下が泣いていても、それはそうと言うべきことをいうことができる。最近は男性の部下も泣くので、涙に慣れている女性管理職は強いですよ」。

これには当然個人差があり、部下も管理職も、女性だから涙もろい／涙に慣れている、男性だから泣かない／涙に慣れていないとはいい切れないと考えます。とはいえ、女性は涙もろい、感情的であることは大抵の場合、ビジネスではデメリットであるとされる中、強みにもなるという指摘は非常に興味深いと感じました。

いずれにしても、男性管理職は女性の部下を前にして、「こんなことをいったら泣いてしまうのではないか」と厳しい指導をためらってしまう傾向があることは間違いないといってよさそうです。

◉困惑の理由その②　読みにくい女性の部下の意欲

次に、女性の部下を指導・育成する上での悩みとして多くの管理職が挙げたものは、

「どの程度、昇進意欲を持っているのかが読みにくい」というものでした（67・1％）。「どの程度、仕事に意欲を持って取り組んでいるか読みにくい」も63・0％の管理職が悩みとして挙げました。「キャリアや業務への意欲が読みにくい」という悩みを多くの管理職が感じていることが分かりました。

また、「女性には結婚や出産といったライフイベントがあるので、長期的なキャリアプランを考えてあげにくい」という悩みを感じている管理職も63・4％を占める結果となりました。

アンケートの結果から、男性管理職として女性の部下を指導・育成する場合、「キャリアや業務への意欲が読みにくいうえに、厳しく接することには抵抗がある。また、いずれ結婚や出産することを考えると長期を見据えた指導・育成がしにくい」という本音が浮かび上がってきます。皆さんの正直な気持ちと近いでしょうか。異なるでしょうか。

◉正直にいって男性部下だけの方がやりやすい？

同じアンケートで、男性管理職の女性の部下の育成に対する本音を確認しました。その

図表1－14　女性は辞めてしまうリスクが高いので、積極的に育成することにためらいがある

（男性管理職　N=3,212）

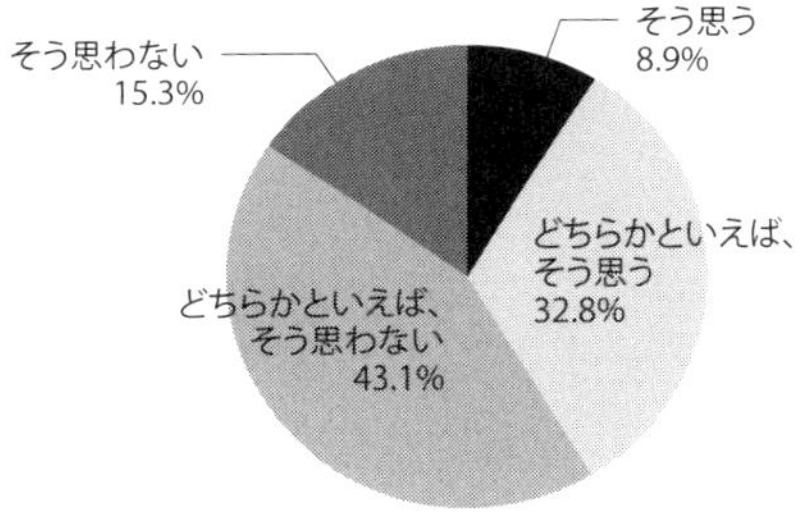
そう思う
8.9%
どちらかといえば、
そう思う
32.8%
どちらかといえば、
そう思わない
43.1%
そう思わない
15.3%

（出所）NRI「男性管理職 4,718 人に聞く人材マネジメントの現状と課題調査（2018 年）」

結果、半数近くの管理職が、「女性は辞めてしまうリスクが高いので、積極的に育成することにためらいがある」、同じく約半数の管理職が「正直にいって、男性の部下だけのほうがマネジメントしやすい」と回答しました（図表1－14、図表1－15）。

多くの管理職は、女性を部下に持ったことがない、女性の部下を部下に持ったことがあるといっても1人か2人。そもそも女性の部下の意欲が計れない。相手が女性かどうかは置いておいて、これまでに出会った経験がなく、相手の心理も読みにくいと感じる者を相手にしたコミュニケーションは、誰にとっても難題だと思います。男性管理職を対象に実施したアンケートの結果は、「女性活躍なんていうけれど、実際任されたほうは大変だよ」という本音が映

図表1－15　正直にいって、男性の部下だけの方がマネジメントしやすい

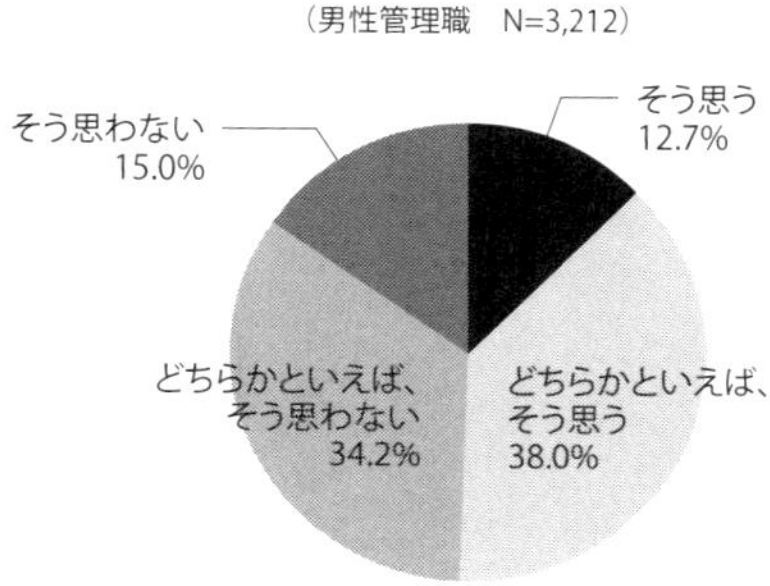

（出所）NRI「男性管理職4,718人に聞く人材マネジメントの現状と課題調査（2018年）」

し出される結果となりました。男性管理職の本音は公言しにくい現代。このアンケートに率直に回答してくださった男性管理職の方に感謝します。

【女性の部下の指導・育成に対する男性管理職の本音】

- 個人的な理由による、突然の退職があり得る（東京都、40歳）
- いつまで会社にいるか分からないので育成するモチベーションが上がらない（愛知県、54歳）
- 気力や体力が男性より劣り、途中で頓挫し、かえって周りに迷惑を掛ける懸念が高い（埼玉県、57歳）
- 育休終了と同時に退職するパターンが多くほとんど期待していない（千葉県、45歳）
- いずれ産休や育休で長期に職場を離れることに

なる（神奈川県、54歳）
- 気持ちの浮き沈みが仕事に影響を与える（東京都、52歳）
- いろいろ面倒くさい（大阪府、39歳）

(5) 働く女性自身も分かっていない「これから私はどうしたい？」

◉自分の本音が分からないまま育休から復職する女性たち

「女性の部下の本音が分からない」と考える男性管理職が多い実態を見てきました。

そうした実態に対して、筆者は、本音の読み手側（管理職を含む周囲の人）だけに問題がある、努力不足だとは到底いい切れないと考えています。というのも、働く女性自身も自分のことでありながら、自分の本音を認識できていないことがめずらしくないからです。

2人の働く女性に、かつて自身が妊娠したときのことや、育児休業から復職したときのことを振り返ってもらったエピソードを紹介します。

Aさん（38歳、情報通信業）

大学卒業後、ＩＴ企業に就職しました。ちょうどＩＴ産業が成長真っ盛りの時代で、システムエンジニア（ＳＥ）という職業が学生の間で人気でした。仕事は長く続けていきたいと思っていたので、ＳＥは女性でも確実にスキルアップしていける仕事だと魅力を感じ、希望が叶っての就職でした。

ＩＴ業界は成長産業ということもあり、睡眠はおろか、食事を取る時間もないような忙しい職場でしたが、職場には活気があり、日に日にできること、任されることが増えていくことが楽しく、仕事に没頭する日々でした。

入社して3年が経った頃、以前からお付き合いしていた男性と結婚しました。パートナーとなった男性は同業他社に勤めるＳＥで、仕事の話もよくする、まさに公私のパートナーでした。「結婚することになりました」と上司に報告した際、「仕事は続けられるの？」と聞かれて初めて、「結婚すると続けられないということがあるんだ」と気が付いたほど、結婚することが仕事に影響するとは思ってもいませんでした。実際、仕事と生活のスタイルは結婚前とさほど変わりませんでした。

状況が変わったのは妊娠が判明したときからでした。子どもは欲しいと思っていましたし、結婚しても環境がそれほど変わらなかったので、今思えば、子どもを持つこともその延長線上のように感じており、あまり深くは考えていなかったように思います。

それが違うということを痛感したのは、妊娠を上司や一緒に仕事をするチームのメンバーに伝えた直後でした。当時の上司にとっては部下が妊娠をするということ自体が初めてで、明らかに戸惑っている様子で、個人的なことで悩みを増やしてしまって申し訳ないなと思いました。ただでさえみんなギリギリの中で仕事をしているのに、迷惑を掛けて申し訳ないなとも思いました。

それでも、上司を含め、周囲のメンバーは皆、私の体調をとても気遣ってくれました。これまでやっていた負担の掛かる業務を別の人に振り分けるよう話し合いをしてくれ、新しく始まる案件には自然と声がかからなくなっていきました。

当時はそうした「配慮」をただただ有り難く思い、どこか寂しさを感じながらも、周囲がお膳立てしてくれる環境を有り難く受け入れるような感じでした。

ただ、妊娠をきっかけにして、あそこまで、仕事をする自分の環境がガラッと変わっていってしまうことは想像していませんでした。休みに入るまでの間、少なくとも体調に大きな問題（切迫早産の危険など）が発生しなければ、今まで通り、しっかり仕事をしたいと思っていたのです。でもその想いを声に出すことはできませんでした。迷惑を掛けている以上、そんなことをいうのはわがままなのかなと。

あのときは、正直、自分の意思というものはなかったと思います。これからやってくる自分の身体の変化がどのように、そしてどの程度、仕事に影響するのか、逆にしないのか、想像することができませんでした。だから、当時の自分に「あなたはどうしたいの」と聞いたとしても、「分からない」としか答えられなかったと思います。

ただ、今になって、自分の困惑している状態を正直に上司に伝えてみてもよかったのかなと思います。そんなこと吐露されても上司も困るだろうなと、どこかで思っていたのですが、「勝手をいっているのは承知しているけれど、できる限りこれまで通り、責務を果たしたいと思っています」ということを伝えられていたら、そしてそれをできるだけ実現できていたら、約1年後に育児休業から復帰する際の私の気持ちも、周囲の私の見方も違うものとなっていたのではないかと思うのです。

Bさん（36歳、人材紹介業）
約1年の育児休業を取得して復職したときのことです。復職してすぐ、上司との面談がありました。

どう切り出したらよいか分からないといった感じで上司から投げ掛けられた質問は「今後はどんな形になるかな?」でした。その確認の面談だということは頭では分かっていたのですが、今私は何を伝えるべきなのかが分からなくなっていました。

結局、「保育園へのお迎えがあるので18時には退社しなければなりません(内心は17時半に退社できればと思っていたのですが、いうのが憚られ18時といいました)」、「子どもが体調不良で登園できず出社できないことや、保育園からの呼び出しで急遽早退しなければいけないといったことが度々あるかもしれません」といった事務連絡のようなことを伝えたと思います。どれも間違いのない事実でした。

でも、上司からすれば、「あれもできません」「これもできません」といった姿勢に見えてしまったのではないかと思います。本当に伝えたかったこと、伝えなければいけなかったことは、「私を取り巻く状況は確かに変わったけれど、仕事に対する想いや考えには変わらない部分が当然あること、だから復職してきている」ということでした。働き方に制約がある私がこれをいってよいのか分からないけれど、シンプルに「仕事は仕事でこれまで通りやっていきたい」と思っているということを本当は伝えたかったのだと思います。でも実際に伝えたことは「制約があります」という主旨のことばかり。あれでは上司もどこまで期待してよいのかと懐疑的になってしまうのも無理はないなと思います。
当時の私がそこまではっきりと自分の思いを自己認識できていたかといえば、そうではないとも思います。だからこそ、当時の自分に伝えてあげたい、そんな気持ちです。

紹介した2人の働く女性のエピソードは、いずれも育児休業から復職して5～6年経って、当時を振り返ってもらったものです。2人の女性はともに、自分はどうしたいのかについて、少なくとも当時、自分のことながら認識できていなかったと振り返ります。ましてや上司に何をお願いしたいのか、すべきなのかはっきりしていません。

彼女たちは共通して、「今となってみれば」、「今だから思う」といいます。本人でさえ、当時は、自分の本音が何であるかはもとより、何を伝えたいか、伝えるべきか分からなかったといいます。このような中では、周囲が「彼女たちの本心が分からない」と思うのは当然です。本人にとってですら自分の本音が漠然としているのですから。

今後、女性の部下、特に子育てしながら働く女性の部下を指導・育成していく上で大事になることの1つは、本人でさえはっきりとした本心が定まらない相手を相手にしていくという前提を持つことだと考えています。

第2章

なぜ、女性の部下のマネジメントが難しいのか
――「バリキャリ」でも「ゆるキャリ」でもない「フルキャリ」の出現

●近年、働く女性の中に、暮らしや子育てにも、仕事やキャリアにも意欲的に取り組みたいと考える女性が増えています。筆者は彼女たちをこれまでの「バリキャリ」でも「ゆるキャリ」でもない、「フルキャリ」と定義しました。
●人材不足が常識となるこれからの組織には、1人1人の「フルキャリ」のパフォーマンスを最大化できるマネジャーこそが必要不可欠な存在となると考えます。

(1) 子育てにも仕事にも意欲的に取り組みたい「フルキャリ」の出現

◉フルキャリとは

これまで一般的に、働く女性は極力、家庭やプライベートの都合を仕事の制約にせず、男性と対等に、仕事での成功やキャリアアップを追求したいバリキャリか、家庭やプライベートの時間を確保することを優先し、それが可能となる範囲で仕事をするゆるキャリかといった二元論で語られてきました。実際のところは、日本企業のこれまでの職場環境が、彼女たちに二者択一を強いてきた結果ともいえるかもしれません。

少し古い調査にはなりますが、労働政策研究・研修機構が２０１４年に発表した調査（男女正社員のキャリアと両立支援に関する調査結果(2)―分析編―２０１４年３月）によると、男性管理職の約80％が子どものいる既婚者であるのに対し、女性管理職のうち子どものいる既婚者は約30％にとどまっていました。一方、未婚の男性管理職が10％未満であるのに対し、未婚の女性管理職は40％を超えていました。結婚することや子どもを持つことを希望するかどうかは個人の選択であり、希望したとしても様々な事情で実現に至らな

図表２−１　これまで働く女性は、キャリア重視のバリキャリか、ライフ重視のゆるキャリのどちらかに

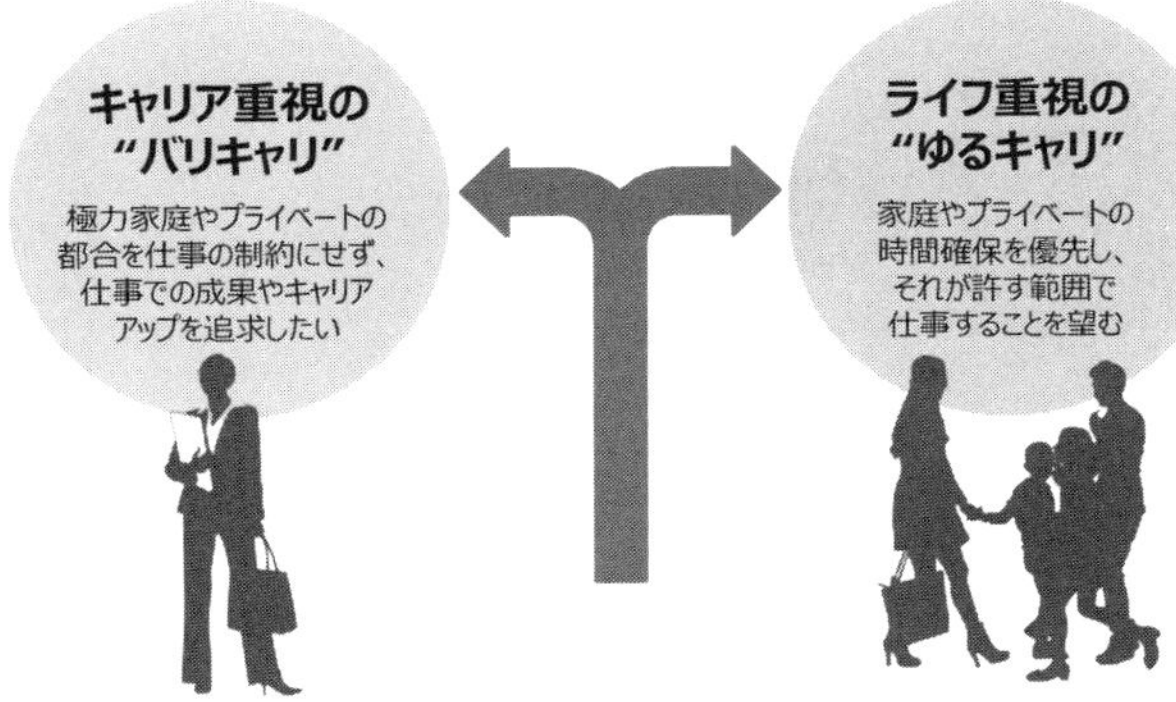
キャリア重視の
“バリキャリ”
極力家庭やプライベートの
都合を仕事の制約にせず、
仕事での成果やキャリア
アップを追求したい
ライフ重視の
“ゆるキャリ”
家庭やプライベートの
時間確保を優先し、
それが許す範囲で
仕事することを望む

（出所）筆者作成

いこともあるため、一概にはいえませんが、これまでの我が国の企業において、女性は男性に比べて、結婚や出産・子育てとキャリアアップを同時に実現することがいかに難しかったかを振り返るには十分なデータだと思います。

一方、近年、プライベートでは結婚も出産もして、家事や子育てにも積極的に取り組みながら、仕事でも、周囲の期待に応える成果をしっかりと出して、仕事を通じて少しでも自分を高めていきたいと考える女性が増えています。筆者は、このように、家事や子育てでも、仕事でも、貢献と成長を目指し、二者択一ではなく、双方に同時に取り組み、実現したいと考える人を、従来のバリキャリ、ゆ

図表2－2　実際は、暮らしや子育てにも、仕事やキャリアにも意欲的に取り組みたいと考えるフルキャリが存在

キャリア重視の
“バリキャリ”
極力家庭やプライベートの都合を仕事の制約にせず、仕事での成果やキャリアアップを追求したい
暮らしや子育てにも
仕事やキャリアにも
意欲的に取り組みたい
“フルキャリ”(注)
二者択一ではなく、
同時に、双方に意欲的に
取り組みたいと考える
ライフ重視の
“ゆるキャリ”
家庭やプライベートの時間確保を優先し、それが許す範囲で仕事することを望む

（注）“フルキャリ”は、2015年7月にNRIが発表した新たな価値観、行動特性を持つ働き手の総称

（出所）筆者作成

るキャリのどちらでもない新しいセグメントであるとして、フルキャリと定義しました。

従来のように、結婚か仕事か、子どもか仕事かというように、どちらか一方を選ぶ、もしくはどちらか一方に重きを置くのではなく、理想的にはどちらも「Fulfill したい（全うしたい、目標を成就させたい）」と考えているのがフルキャリです。そうであるがゆえに、時間的にも、肉体的にも、精神的にも、「Full（溢れるほどいっぱい）」になりやすいという特徴を持ちます。

こうした特徴を踏まえて、筆者は彼女たちを「〝フル〟キャリ」と名付けま

した。

◉フルキャリにはピントがずれていた従来の支援策

これまで企業は、「家庭や子育てとの両立が難しいから」といった家庭理由による離職を減らし、女性が仕事を続けられるよう、様々な環境整備（就業継続を目的とした支援）を進めてきました。また、性別によらず、誰もが平等に、採用、昇給・昇格、教育などの機会を得られるようにする環境整備（男女雇用機会均等を目的とした支援）も進めてきました。これらの環境整備・支援が、家庭や子育ての時間が十分に確保できる範囲で働きたいと考えるゆるキャリ女性の就業継続と、男性と同等にキャリアアップしたいと考えるバリキャリのキャリアアップを下支えしてきたのは紛れもない事実です。

しかし、多くの企業が主にバリキャリとゆるキャリを対象とした環境整備・支援を充実させている間に、組織の中にはバリキャリともゆるキャリとも異なる価値観や行動原理にそって働き続ける女性が少しずつ増えてきたのです。それが、家事や子育て、仕事の双方で貢献と成長を目指すフルキャリです。そしてその先駆けは、企業がその存在に気が付くよりも早く、結婚や出産などのライフイベントを経験し始めていました。

フルキャリにとって、企業が進めてきた「就業継続を目的とした支援」と「男女雇用機会均等を目的とした支援」が効果的ではなかったとは思いません。それぞれの恩恵を少しずつ受けてきたことでしょう。ただし、それぞれの環境整備や支援は、プライベートでは結婚も出産もして、家事や子育てにも積極的に取り組みながら、仕事でも、周囲の期待に応える成果をしっかりと出して、仕事を通じて少しでも自分を高めていきたいと考えるフルキャリにとって、いずれも少しずつピントがずれていたと考えられます。

皮肉にも、日本を代表する多くの企業における「女性でも働きやすい環境を実現してきた」という自負が、徐々に我が国で働く女性の多くを占めることになってきたフルキャリへの気付きを遅らせ、フルキャリをどう活躍させて企業の競争力とするかという視点を持つことを遅らせてしまったのではないかと筆者は考えています。

◉フルキャリは突然生まれたわけではない

ここまでお読みいただき、読者の中には、「フルキャリはもともと存在していたのではないか」と思われる方もいらっしゃるかと思います。筆者も、フルキャリは、新種の生き物のように全く新たに出現したのではなく、もともとフルキャリ志向であった人が、なんとか諦めずにフルキャリのまま働きたい、フルキャリのまま働く道はないかと思い始めたことで、組織の中で固有の存在感を表し始めたのだと考えています。ただし、フルキャリが固有の存在となってきた過程で、自分はフルキャリだという自覚がなかった女性もフルキャリ志向を持ち始める、つまり新たにフルキャリが誕生し続けていることも、また事実だと思っています。

筆者は、現代の女性の部下をマネジメントする上で鍵となるのは、このフルキャリの存在だと考えています。その理由を説明する前に、もう少しフルキャリとはどんな特徴を持つワーカーなのかを一緒にご確認いただきたいと思います。

(2) フルキャリは働く女性の2人に1人

◉子育てしながら働く女性でも2人に1人はフルキャリ

近年、家事や子育て、仕事の双方で貢献と成長を目指すフルキャリが増えてきたことを紹介してきました。それでは現在、組織の中にフルキャリはどのくらいいるのでしょうか。

筆者が行った、三大都市圏に居住し、従業員1000人以上の企業で正社員として働く女

図表2－3　働く女性のタイプ別割合

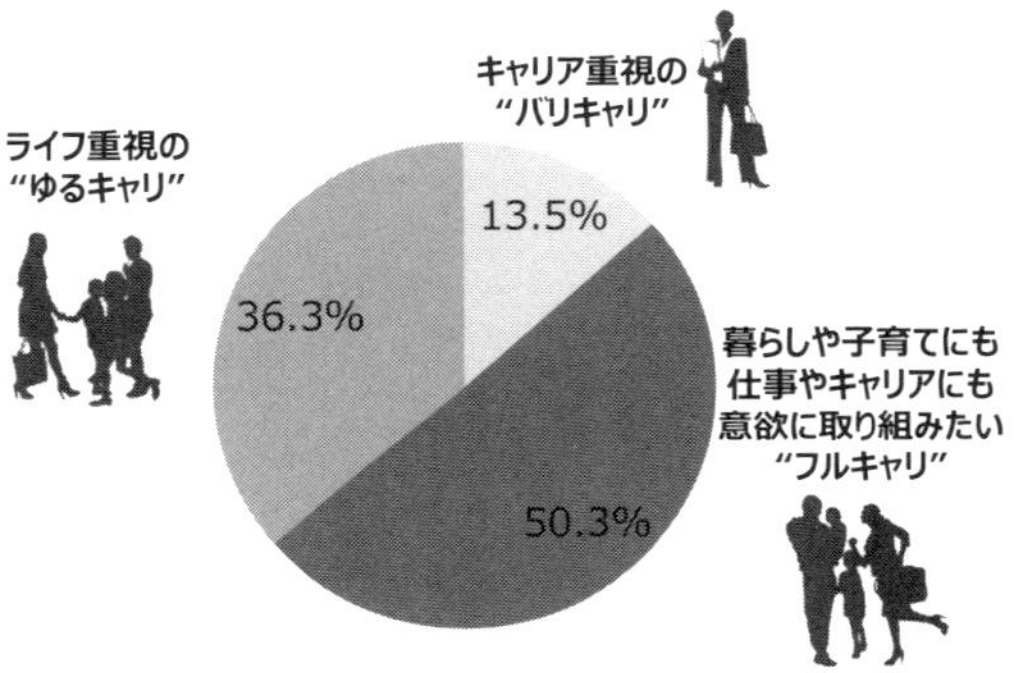

（出所）NRI「働く女性5,454人に聞く仕事とキャリアの本音調査（2018年）」

性（以下、働く女性）５４５４人を対象に実施したアンケート調査によると、働く女性の50・３％が自分はフルキャリだと回答しています（図表２－３）。ちなみに、自分はバリキャリだと回答した人は13・５％、ゆるキャリだと回答した人は36・３％でした。

働く女性の２人に１人が、家事や子育て、仕事の双方で貢献と成長を目指すフルキャリだといえそうです。

働く女性といっても、ライフステージ（「シングル期」、「ＤＩＮＫＳ期」、「子育て期」など）は様々です。ライフイベントの発生やそれによるライフステージの変化によって、時間の使い方や価値観は変化するものです。中でも、多くの働く女性にとって、その前後で明らかに時間の使い方が変化するライフイベントが「出産」、「子育て」でしょう。

では、子育てしながら働く女性にはどのくらいフルキャリがいるのでしょうか。前述の調査によると、子育てしながら働く女性であっても、47・5％とおよそ半分がフルキャリでした。末子が未就学児と子どもが小さいうちでも、45・9％と半分近くはフルキャリであることも明らかになりました。子どもがいるからといって、子どもが小さいからといって、ゆるキャリになってしまうのではなく、およそ半分というそれなりのボリュームでフルキャリが存在していることがお分かりいただけるかと思います。

◉子どもが2人以上いたってフルキャリはフルキャリ

さらに興味深い結果があります。子どもが2人以上いる働く女性であってもフルキャリ比率は下がりませんでした。むしろ子どもが2人以上いる場合のほうが、子どもが1人の場合よりもフルキャリが多いという結果となったことは大変興味深い結果でしょう。

一見すると、初めての子育てと仕事の両立に忙しそうな女性の部下であっても、2人以上の子どもを抱えて毎日子育てと仕事の両立が大変そうな女性の部下であっても、当の本人としては、子育てによる就労制約があったとしても、仕事は仕事で、周囲の期待に応える成果を出したい、仕事を通じて自分自身を少しでも高めていきたいと考えている女性が少なくないことが分かります。彼女たちは、ここ数年で組織の中に増えてきたフルキャリなのです。

(3) フルキャリ部下の「意欲」vs. 管理職による「配慮」

◉適切な判断の妨げとして注目されるアンコンシャス・バイアス

最近、アンコンシャス・バイアスへの関心が高まっています。アンコンシャス・バイアスとは、「過去の経験や周りの環境などから、自分自身では気付かないうちに身に着いたものの見方や捉え方の偏り（出所：『知恵蔵』朝日新聞出版）」のことで、「無意識の偏見」「無意識の思い込み」などといわれます。

アンコンシャス・バイアスは女性に対してのみならず、シニア、外国人、障がい者など様々な対象に存在するといわれています。本書のテーマである働く女性については、以下のようなものがアンコンシャス・バイアスであるとされています。

- 子育て中の女性社員に泊まりがけの出張はできない

・時短勤務で働く社員は家庭優先である
・子育て中の女性に重要な仕事を任せるべきではない

様々な対象に存在するアンコンシャス・バイアスが、組織運営において、適切な判断や意思決定を妨げているのではないかとして、近年、各人が持つアンコンシャス・バイアスの存在を意識させ、不適切な判断や意思決定を回避する取り組みが注目されています。

◉働く女性に関するアンコンシャス・バイアスを取り除くために

本書をここまで読み進めてくださった方々はもうお気付きかもしれません。

働く女性はバリキャリか、そうでなければゆるキャリだという従来の考えもアンコンシャス・バイアス。そうではない女性がいるということをはっきりと示すのを目的としたのがフルキャリの定義です。

もちろん、フルキャリと定義することで、再び生み出してしまうアンコンシャス・バイアスもあると思います。ただし、働く女性について長い期間存在してきたアンコンシャス・バイアスを取り除くためには、従来の捉え方の外に新しいものがあることをはっきりと示すことが有効だと考えました。そこで新しく提示したのが、フルキャリです。

したがって、フルキャリを定義することは、経営またはマネジャーサイドに、「そういう女性社員もいるんだ」と考えるきっかけを提供することを第1の目的としています。そして、女性を一括り（二括り？）に考えるのではなく、個々の女性社員に目を向けるようなきっかけとなることを狙っています。狙い通りの効果を発揮しているかどうかについては、読者の方にもジャッジしていただきたいと思っています。

本書の「はじめに」でも紹介しましたが、フルキャリを定義したことによる効果が、経営やマネジャーサイドだけではなく、フルキャリとして働く、もしくは働きたいとする女性たちにも及んだことは、実は、想定外の産物でした。「『バリキャリ』と『ゆるキャリ』のどちらかにならなくていいんだと肩の荷が下りました」、「家事や子育てと仕事のどちらも頑張りたいという今の気持ちは単なるわがままなんじゃないか悶々としていたが、目指すことは悪くないんだと思えました」というような感想が、フルキャリたちから多数寄せられました。働く女性へのアンコンシャス・バイアスは、周囲だけでなく、女性本人も持っていたのです。

フルキャリの定義は、フルキャリ自身が自分に対して持っていたアンコンシャス・バイアスを取り除くことにも貢献できるのではないかと思っています。

◉上司による「配慮」は正直「もどかしい」

「子育て中の女性社員の場合、子どもが小さいうちは、子育てを優先できたほうがよいだろう」

「子育て中の女性社員に責任の重い仕事をさせることは重荷だろう」

「子育て中の女性社員であれば、さすがに仕事の質が以前より落ちてしまうのもやむを得ないだろう」

このようなことを思ったことはありませんか。

調査によると、男性管理職の約80%が「子どもが小さいうちは、仕事より子育てを優先できることが望ましい」、「子育て中は、仕事量や経験が減ったとしても仕方がないと思う」と考えていることが分かりました（図表2－4）。最も筆者が驚いたのは、「子育て中は、仕事のアウトプットの質が落ちてもやむを得ない」と思う男性管理職が実に50%を超えたことです。

図表２－４　子育てをしながら働く「女性の部下」に対して思うこと

（男性管理職　N=3,212）

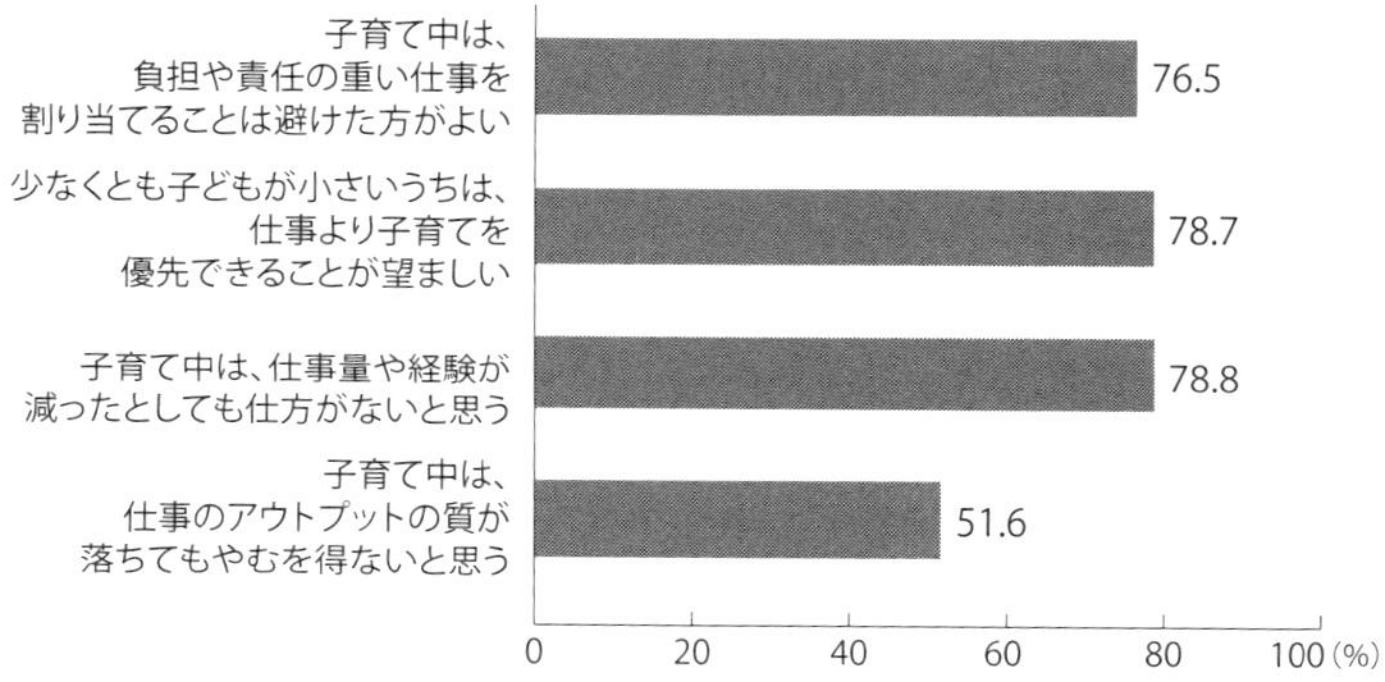

（注）「そう思う」、「どちらかと言えばそう思う」と回答した人の合計
（出所）NRI「男性管理職 4,718 人に聞く人材マネジメントの現状と課題調査（2018 年）」

男性管理職にとってみれば、子育てをしながら働く女性を慮った上での考え、つまりよかれと思っての「配慮」であるということも理解できます。実際、「子どもが小さいうちは、仕事よりも子育てを優先したい」という考えを持ちながら働く女性も存在しますから、このような管理職の配慮に助けられ、心強く思いながら働く女性もいるでしょう。ただし、働く女性のすべてがそうした配慮を望んでいるわけではないという事実も重要です。

事実、フルキャリの約70%が、「子育て中だからと何かと配慮されることは有難いが、仕事も頑張りたいので、もどかしいと思うことがある」と答えています（図表２－５）。

子育てと仕事の両立に苦労している部下の

図表２－５　子育て中だからと何かと配慮されることは有難いが、仕事も頑張りたいので、もどかしい

（子どものいるフルキャリ女性　N=425）

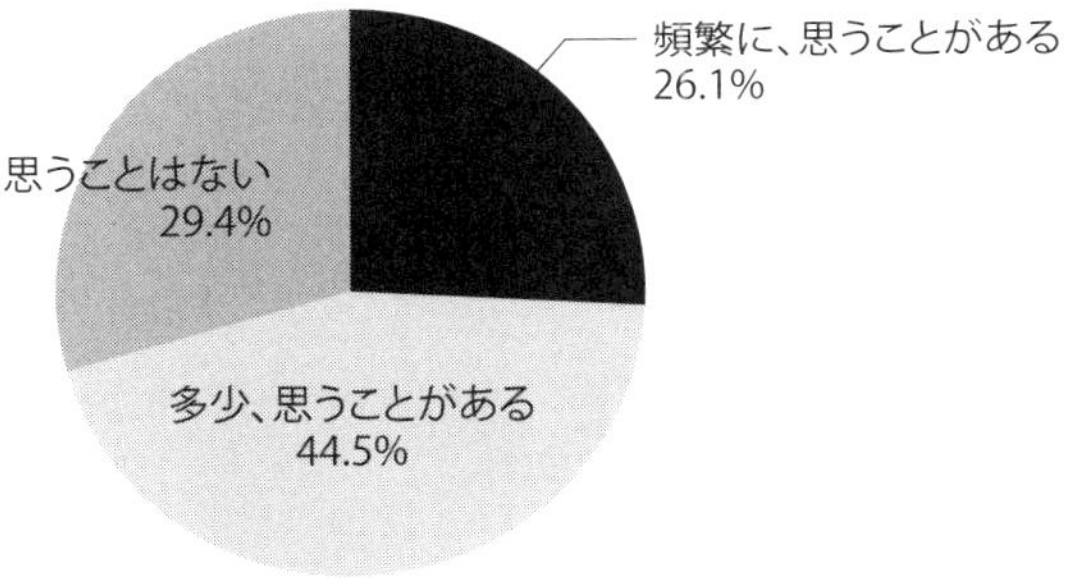
頻繁に、思うことがある
26.1%
思うことはない
29.4%
多少、思うことがある
44.5%

（出所）NRI「働く女性 5,454 人に聞く仕事とキャリアの本音調査（2018 年）」

姿を見た管理職が、よかれと思ってする配慮が、実は仕事も頑張りたいとするフルキャリにとっては、とてももどかしく感じてしまう。このような双方の想いの食い違いはなぜ起きてしまうのでしょうか。

◉上司による「配慮」がフルキャリ部下の「意欲」を削ぐ

フルキャリと管理職の想いが食い違ってしまうことについて、筆者は、フルキャリが持つ高い仕事への意欲が、外部からは把握されにくいためだと考えています。その理由は２つです。

１つ目は、ライフイベントにも積極的に取り組もうとするフルキャリの周囲では、事実

図表２－６　自分や自分の仕事は、それほど期待されていないのではないか

（子どものいるフルキャリ女性　N=425）

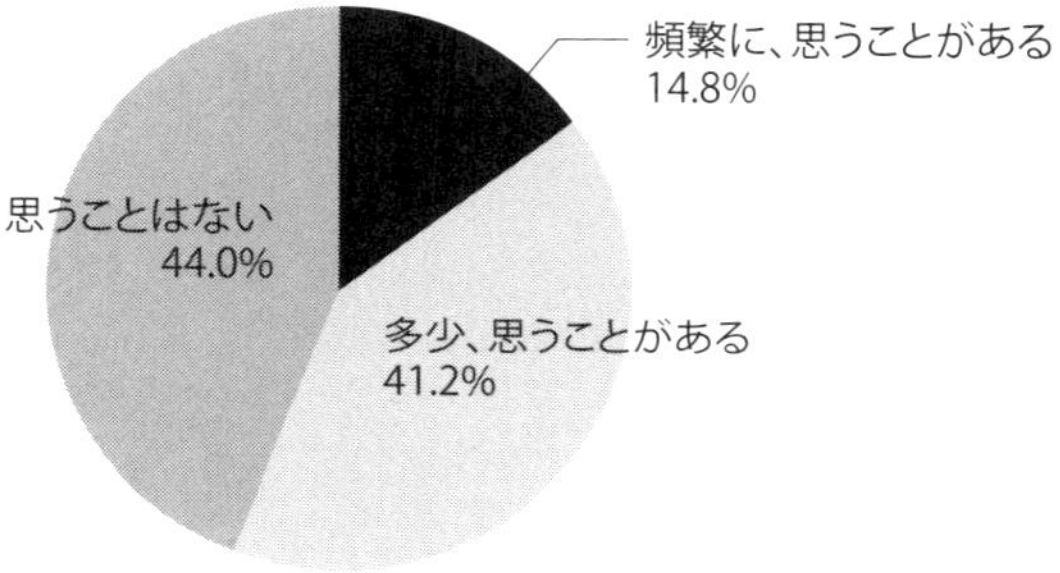

（出所）NRI「働く女性 5,454 人に聞く仕事とキャリアの本音調査（2018 年）」

様々なライフイベントが起きており、外部はこの事実を中心に彼女の状況を評価しがちになるという点です（無形の「意欲」より、有形の「ライフイベント」のほうが客観的に捉えやすいので、仕方がありません）。

２つ目は、実際に、子育てしながら働くフルキャリは、周囲よりも早く退社したり、子どもの体調不良などで急に休まざるを得ないことから後ろめたさを感じている人も少なくありません。そうすると、フルキャリ自身が「このような状況なのに、『私は仕事でこういうことをやってみたい』などというのはよくないだろう。わがままだろう」と、仕事上の意欲を職場で表現したり、伝えたりすることを躊躇してしまいがちだという点です。

よかれと思って行われた管理職による配慮は、「自分は上司から期待されていないのではないか」という不安をフルキャリの中に生み、彼女たちがもともと持っていた仕事に対する高い意欲を、自らの力で持続させることが難しくなっていきます。「さて、いよいよ仕事も頑張ろう」と気持ちを奮い立たせて育休から復職した直後、管理職による「配慮」という洗礼を浴び、「期待されなくなってしまった現実を見たような気がした」と振り返るフルキャリに案外多いのです（図表2－6）。

◉フルキャリにとって「無理しないで」は戦力外通告

もう1つ、フルキャリに復帰直後のことを話してもらう中でよく出てくるエピソードがあります。出産後、職場に復帰したときに上司から掛けられた言葉の中で辛かったのは、「無理しないで」だったというものです。無理をしなくてよいというのは、仕事は仕事で周囲の期待に応える成果を出したいとするフルキャリにとって、戦力外通告のようなものに感じてしまうからだと筆者は考えます。

例えば、30代（だった頃）のあなたが、何かと自分の仕事ぶりを気に掛けてくれていた上司に、「結婚おめでとう。新しい生活は何かと大変だろうから、しばらく仕事は無理しなくていいよ。周りのみんなにサポートしてもらってさ」といわれたとします。どう思いますか。「ラッキー！　無理しなくていいんだ！　しばらくは家庭優先で仕事はそこそこにしよう！」と手放しで喜べますか。「家庭も大事だが、仕事は仕事でより一層頑張ろうと気持ちを新たにした途端、無理しないでいいといわれてしまった」と、なんともいえない気持ちが湧きませんか。少なくとも「女性の部下のマネジメントは今後どうしていけばよいのだろう」と本書を手に取ってくださるような、業務責任を果たそうと日々努力されている管理職の皆さんにとって、上司からの「（君は）無理しないでいいよ」は、手放しで喜べない一言ではないでしょうか。それは、フルキャリにとっても同じなのです。

また、「子育て中の女性社員であれば、さすがに仕事のアウトプットの質が以前より落ちてしまうのもやむを得ないだろう」という前提により、仕事の質が不十分であっても、目をつぶるようなことはないでしょうか。子育てによる就労制約があっても、周囲の期待に応える仕事をしたい、自分を少しでも高めたいと思うフルキャリは、以前のように仕事ができなくなることで仕事の質が落ちてしまうことを、周囲が考える以上に気にしています。

マネジャーにとっては「大変なときだから仕方がないよ」というフォローのつもりで

あったとしても、これまで以上に自分の仕事の質に敏感になっている復職後のフルキャリにとっては、以前より仕事の質を問われることがなくなったことで、「期待されなくなってしまったのではないか」と感じてしまう傾向があるようです。先ほどの「無理しないで」といわれて辛いと思うのと同様に、「叱られなくなった」ことでショックを受けるフルキャリがいるのです。叱られなくなってショックというのは、フルキャリの仕事に対する姿勢の特徴を最も表しているエピソードかもしれません。

このように、フルキャリの場合は、よかれと思って掛けた言葉や行った対応が意欲の低下につながる可能性があることを認識することが重要だと考えます。

低下するのは意欲だけではありません。そうした配慮の上に行われる業務アサインや機会付与によって、彼女たちの業務経験や成長機会の蓄積が滞る傾向があります。そして結果、その後のキャリア構築や活躍が難しくなるといった事態を招くのです。これは本人にとっても組織にとっても、不幸なことではないでしょうか。

(4) フルキャリのパフォーマンスを最大化できるマネジャーが会社を救う

◉フルキャリ人材の流出を防げ

従来のバリキャリ、ゆるキャリの二元論を前提とし、組織が展開する両立支援・活躍支援策、よかれと思って行われる現場での配慮の中で、フルキャリはどちらも「Fulfill したい（全うしたい、目標を成就させたい）」という理想を叶えられず、時間的にも肉体的にも精神的にも「Full（溢れるほどいっぱい）」であることが大きな負担となっていきます。そして、会社の中でゆるキャリに転じるか、職場を去ってしまう。

少子高齢化を背景とし、生産年齢人口がますます減少していくことは、もはや避けられない日本の未来であることは様々な識者が指摘をしています。日本の企業が事業活動を維持し、成長していくための最重要課題は人材の確保ですが、その状況が今後抜本的に解消することは期待できません。

人材の「量」の確保の方策について、シニアや外国人の活用などの議論がより一層活発になっています。人材の「量」の確保が重要であることに異論はありませんが、本書での詳述は控えます。

「量」がある程度確保されたとしても、されなかったとしても、人材の「質」の向上は急務です。雇用した人材1人1人のパフォーマンスをできる限り最大化し、組織としてのパフォーマンスの総和を最大化することこそが、今後の日本企業、ひいては我が国経済の成長の維持、拡大の鍵を握るからです。

我が国においては、人材の「量」を確保するという意味で、ますます女性社員の比率は高まるでしょう。そしてその多くが、ライフイベントにも積極的に取り組みたいとするフルキャリになっていきます。続いて多いのが家庭やプライベートを優先するゆるキャリです。従来のように、家庭やプライベートによって就労制約がある女性社員の仕事を、家庭やプライベートを大きな制約とせず働ける人で十分にカバーできる時代ではもはやありません。

◉これからの組織に必要なのは、フルキャリのパフォーマンスを最大化できるマネジャー

日本の構造的問題を踏まえれば、これからの日本企業にとって、フルキャリだろうと、ゆるキャリだろうと、自社の人材個々のパフォーマンスを極力最大化する戦略こそが、成

長戦略そのものになることは明白です。

筆者は、中でも、高い仕事への意識を持っていながらも、ライフイベントにも積極的であるがゆえに、従来の環境では必ずしもパフォーマンスを最大化できてこなかった、つまりパフォーマンス拡大の伸びしろが大きいフルキャリに着目しています。個々のフルキャリのパフォーマンスをできるだけ最大に引き出すことができれば、組織のパフォーマンス総量は確実に増えると考えているからです。

会社という単位だけでなく、部や課といったチーム単位でも同じことがいえると思います。チームの女性比率は今後ますます高まっていくでしょう。チームの中のフルキャリ部下に対し、彼女たち特有の高い仕事に対する意識をできるだけ確実にパフォーマンスにつなげ、活躍を最大化できれば、チームのパフォーマンス総量は最大化します。あなたが率いるチームの目標達成可能性は高まるでしょう。

人材不足時代において、従来の環境では必ずしもパフォーマンスを最大化できてこなかったが、パフォーマンス拡大の伸びしろが大きいフルキャリ1人1人のパフォーマンスを最大化できるマネジャーこそが、チームや組織の成長をけん引する、これからの組織にとって必要不可欠な存在なのです。

コラム①

フルキャリの悩みや葛藤に共感できるのはフルキャリが分からない人？

　ここで、ある興味深い研究結果をご紹介したいと思います。『共感力』（ハーバード・ビジネス・レビュー編集部編、DIAMONDハーバード・ビジネス・レビュー編集部訳）に掲載されている「子育て経験のある上司とない上司、どちらが子育ての苦労に共感してくれるか（47〜53ページ）」で紹介されている研究結果です。

「何らかの苦境に陥っている他者に対し、過去に同じ苦境を乗り越えた経験がある人は、その経験がない人よりも、共感しにくい」ことが明らかになったというものです。直感的には、同じ経験がある人のほうが共感しやすいと思われがちですが、それは必ずしも正しくないという調査結果です。この現象の原因を、調査を行った研究者らは、2つの心理学的事実に起因すると考えられるとしています。

　1つ目は、「人間は、過去の苦境で感じた苦痛やストレス自体は覚えているが、実際にどの程度苦しかったかについては過小評価してしまう傾向がある［エンパシー・ギャップ（共感の差異）］」

という特性です。2つ目は、「苦境を乗り越えた経験の持ち主は、自分が苦境を克服できたことを知っているため、状況の困難さをよくわかっているという自信を強く持つ」という特性です。

この2つが組み合わさると、「その苦境は克服できるはずだという考えが生まれ、克服できずに苦しんでいる他者への共感が薄れてしまう」というのです。

奇しくも、この論文では「リーダーは固定観念を捨てる必要がある。過去に苦境を克服した自分の経験に重きを置くべきではない」と警告しています。幸いにも、一部を除いて現在の日本のリーダーの多くは、フルキャリ女性と同じ経験を持ち合わせていません。だから、「共感しにくい」というリスクは小さいのです。筆者は、妊娠・出産後も仕事を続け、子育てしながら働き続けた経験がない、子育てしながら働く女性を部下に持った経験がないといったことは、共感が薄れるような経験がないということであり、マネジメント上のアドバンテージにもなり得るのではないかと考えます。自信を持って、目の前のフルキャリ女性と向き合ってみてはどうでしょうか。

第3章

フルキャリは何を望んでいるのか
――アンケートから見えてきたフルキャリの特徴

- フルキャリのパフォーマンスを最大化するための第1歩は、フルキャリの思考や行動特性の理解です。
- 筆者が実施したアンケート調査の結果などから、フルキャリには、「子どもを預けてまで働くのだから」といったフルキャリならではの貢献や成長に対するモチベーションがあることや、マネジャーが思うほど業務上の配慮を望んでいないことなどが明らかになりました。

(1) 母親になってもフルキャリはフルキャリ

◉フルキャリの仕事への意欲はバリキャリに劣らない

前章で、フルキャリとは、仕事に関しても、仕事を通じた貢献と成長への意欲を持ち合わせている女性のことであると説明してきました。

ここでは、フルキャリの持つ仕事への高い意欲の具体的内容について、アンケート調査の結果を引用しながら説明していきたいと思います。

調査によると、仕事をする上で目指したいこととして最も多くのフルキャリが選んだのが、「働くからには、職場の人や顧客を満足させられる成果を出したい」でした。フルキャリの94・3％が、仕事を通じても周囲の人の期待に応えたいと考えていることが分かります（図表3－1）。

同じくらい多くのフルキャリが目指したいと回答したのが、「働くからには、自分のスキル・能力を高めていきたい」（93・9％）でした。「出世もしてみたい」や「勤める企業の業績により貢献できる仕事に携わっていきたい」については、先に述べた「周囲の人の

図表３－１　「フルキャリ」女性の仕事への意欲

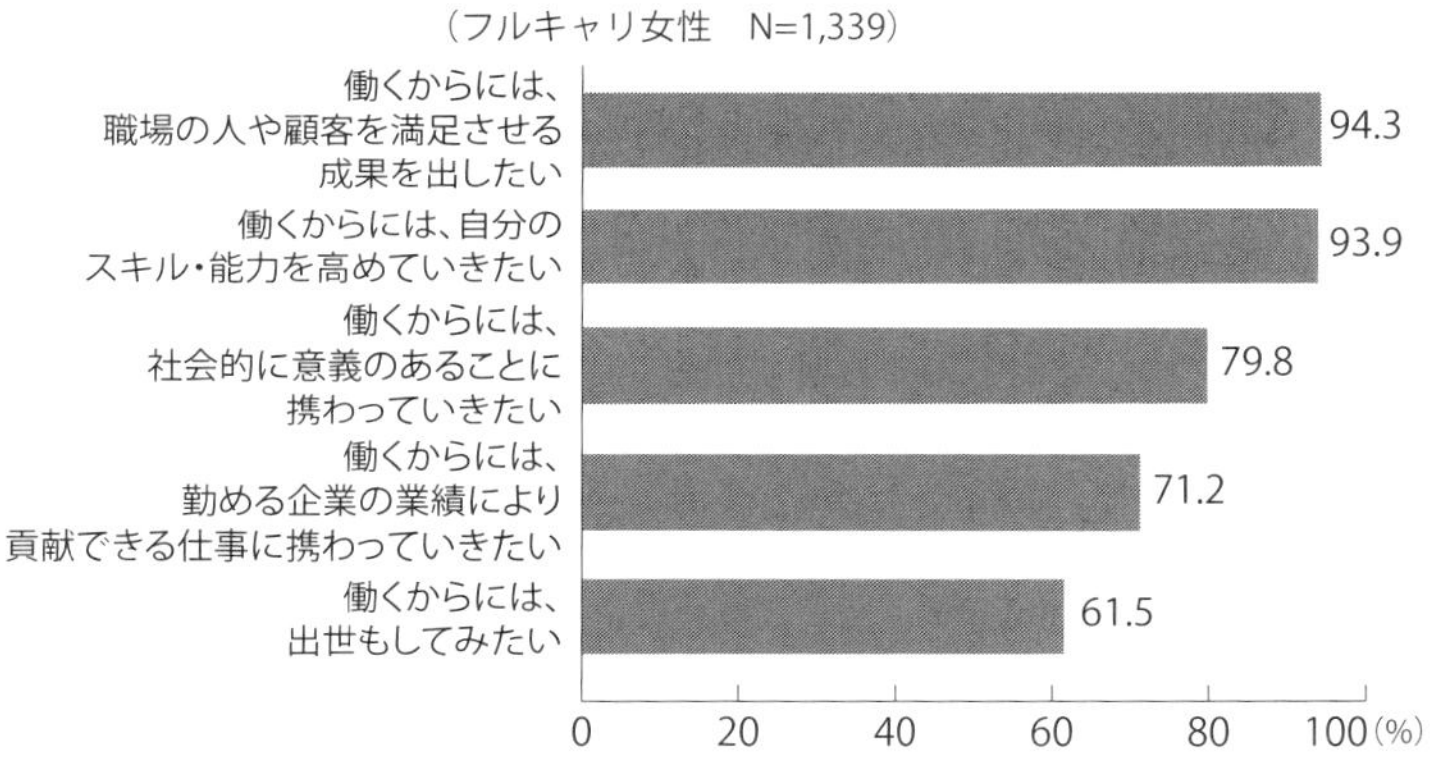

（注）「そう思う」、「どちらかと言えばそう思う」と回答した人の合計
（出所）NRI「働く女性 5,454 人に聞く仕事とキャリアの本音調査（2018 年）」

図表３－２　「フルキャリ」女性の仕事への意欲（「フルキャリ」以外との比較）

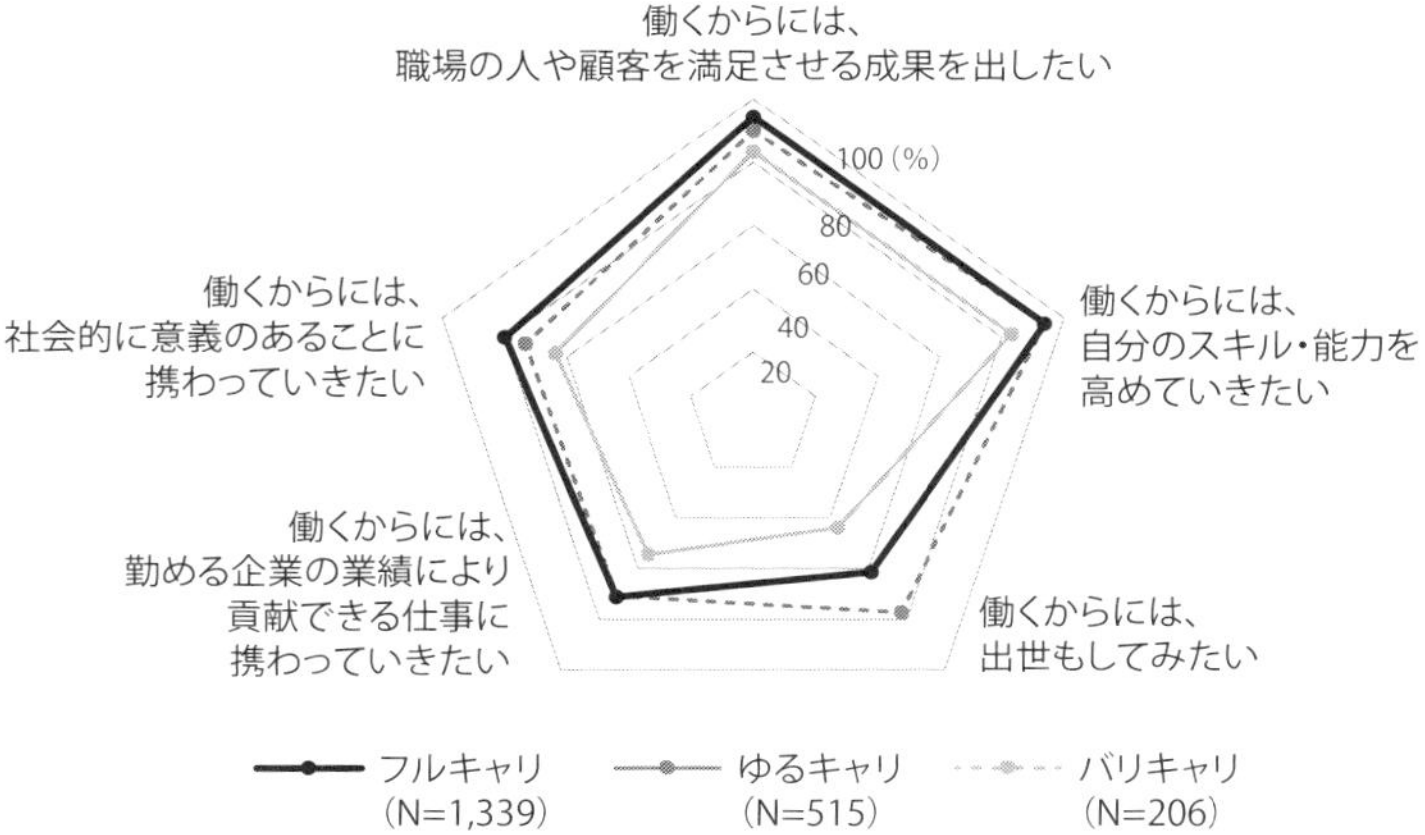

（注）「そう思う」、「どちらかと言えばそう思う」と回答した人の合計
（出所）NRI「働く女性 5,454 人に聞く仕事とキャリアの本音調査（2018 年）」

期待に応えたい」、「自分の能力を高めていきたい」の2つと比べると低いスコアになりました。

続いて、仕事をする上で目指したいことについてのフルキャリの結果を、ゆるキャリやバリキャリの結果と比べてみます。すると、フルキャリの結果は、「働くからには出世もしてみたい」についてのみバリキャリよりも低い結果となりましたが、それ以外についてはバリキャリの結果と比べても見劣りしません（図表3－2）。フルキャリが持つ仕事に対する意欲は、バリキャリと同じくらい高いものであることが分かります。

◉母親になったからといって低下しない、フルキャリの仕事への意欲

フルキャリは、子育てしながら働く女性にも多く見られると説明してきました。では、実際に子育てしながら働くフルキャリは、仕事をする上でどのような目標を持っているのでしょうか。

調査によると、子育てしながら働くフルキャリであっても、「働くからには、職場の人や顧客を満足させられる成果を出したい」とする人は95・5％と極めて高いスコアとなりました（図表3－3）。「働くからには、自分のスキル・能力を高めていきたい」とする人

図表３－３　「フルキャリ」女性の仕事への意欲（子どもの有無別）

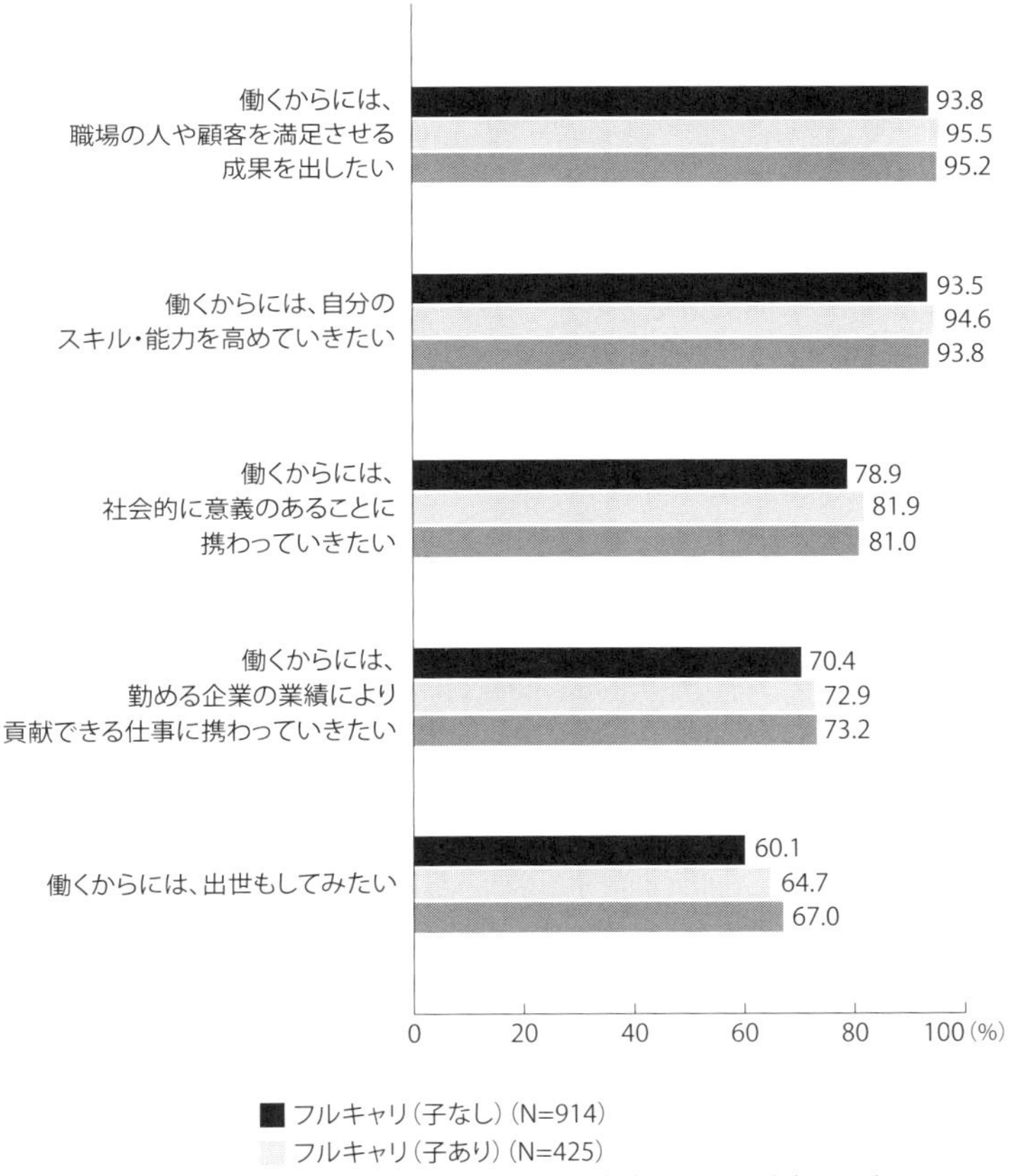

（注）「そう思う」、「どちらかと言えばそう思う」と回答した人の合計
（出所）NRI「働く女性 5,454 人に聞く仕事とキャリアの本音調査（2018 年）」

も94・6％。子育てしながら働くフルキャリであっても、仕事に対する高い意欲は衰えることはないといってよいでしょう。さらに、子育ての負荷が特に大きいと思われる未就学児の子を持つフルキャリに限って見ても、傾向は同じでした。

これまで、「女性は母親になると仕事への意欲が下がってしまう」とよくいわれてきました。しかし、フルキャリに限っていえば、もともと持っている仕事を通じた成長と貢献意欲は、必ずしも母親になると低下するわけではないといえるのではないでしょうか。

さらに興味深い結果があります。子どものいるフルキャリのほうが、子どもがいないフルキャリよりも高いスコアを出した項目があります。フルキャリ全体の結果では、相対的に低かった「出世もしてみたい」、「組織に貢献できる仕事をしてみたい」という項目で、子どものいるフルキャリのほうが、子どもがいないフルキャリよりも高いスコアを出しました（図表3－3）。

同様に「働くからには、社会的意義のあることに携わっていきたい」についても、子どものいるフルキャリのほうが、子どもがいないフルキャリよりも高いスコアを出しています。これらの結果からは、子どもを持ったフルキャリは、仕事への意識を下げるどころか、「子育てとの両立には様々な困難や葛藤があるが、その上で働くのだから」と、より誰かのためになり、他者から評価される仕事にも挑戦したいと、仕事への意識を逆に高めるという特徴が浮かび上がります。これこそ、家事や子育てにも積極的に取り組みたいが、仕事でも周囲の期待に応える成果を出したいといった、家事や子育て、仕事の双方に高い意欲を持つフルキャリならではの特徴だと考えます。

◉「今の仕事を長く続けたい」と考えるフルキャリ

一般的に、近年の20代、30代の社員は、自己成長に対する意識が高いといわれることがあります。「自分はこの会社で成長できるかどうか」と問うように、会社を自己成長させる場として捉える傾向があるという見方です。自己の成長に対する意識が高いことは、基本的に組織にとっても好ましいことです。しかし、自己の成長に対する意欲が高いがゆえに起きている問題についても度々クローズアップされることがあります。それは、本人が（あくまで本人が）「ここでは成長できない（のではないか）」と感じると、強い不安や焦りを感じて、会社を去ったり、去らなくとも会社に不満を持つ存在になっていったりする傾向があるというものです。

フルキャリの「仕事を通じて自身を少しでも成長させていきたい」という意欲は、近年

図表３－４　現在の仕事の継続意向

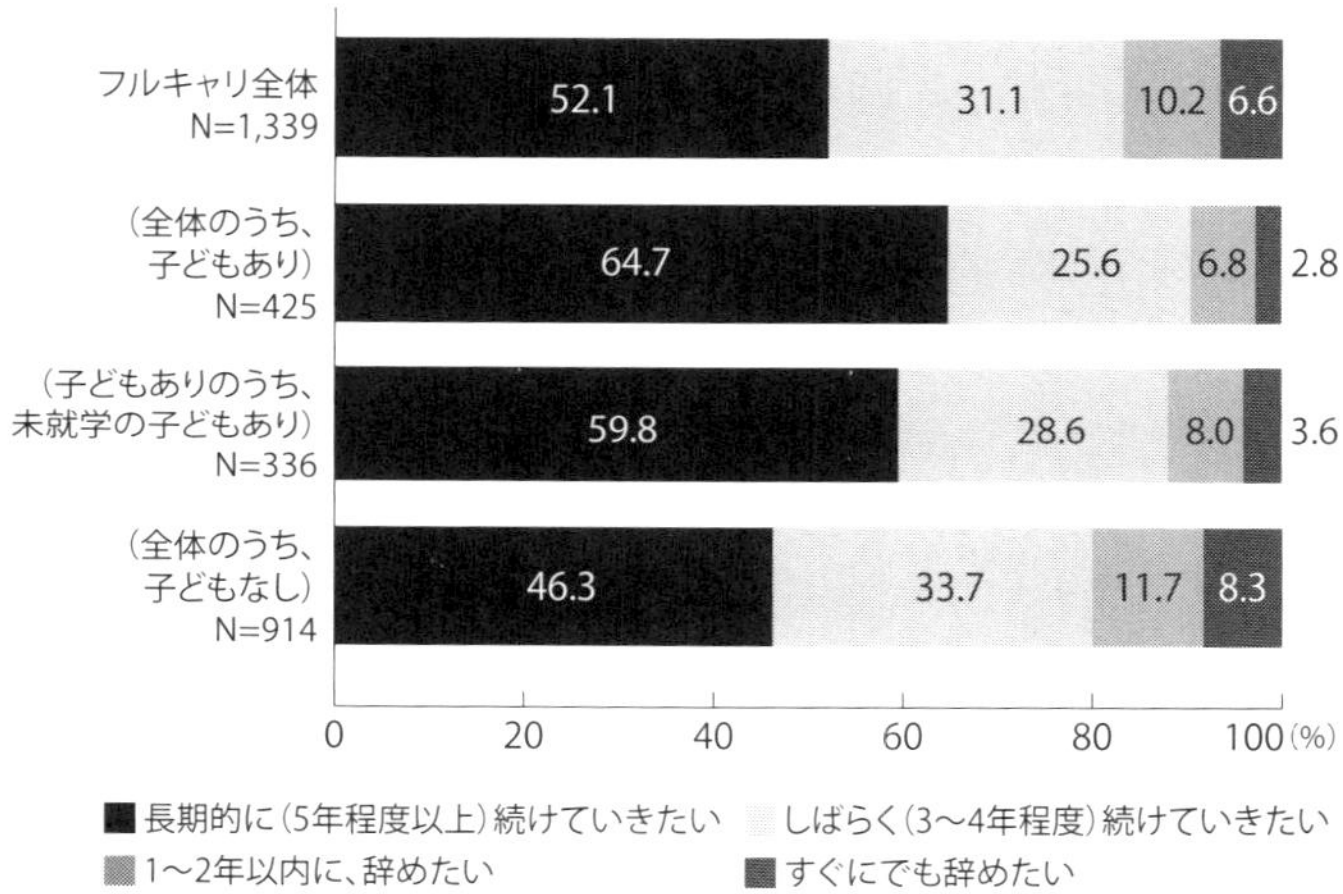

（出所）NRI「働く女性 5,454 人に聞く仕事とキャリアの本音調査（2018 年）」

の若手・中堅社員の傾向と似ていると思われる方もいるかもしれません。ただ、筆者は、フルキャリの自己成長を求める動機には独特なものがあると考えています。

若者が会社での自身の成長を重視する背景はいろいろあるといわれていますが、１つにこの会社に長くいるわけではないという考えがあるのではないかといわれることがあります。一方のフルキャリには現在の仕事を長く続けたいと考えている人が少なくないことが分かりました。

図表３－４は、現在の仕事の継続意向の結果です。

フルキャリの２人に１人は「現在の仕

事を長期的に続けていきたい」と回答しています。現在の仕事を長期的に続けたいとする人の割合は、ゆるキャリよりも、バリキャリよりも、高いという結果になりました。また、子育て中であっても、中でも未就学児の子育てとの両立中であっても、それぞれ6割程度が「現在の仕事を長期的に続けていきたい」と回答しました。

ある程度、長く続けていくことが前提だからこそ、子育てと両立しながらであっても、その仕事をする個人として少しでも成長し、それを実感していきたいという意欲が生まれるという仮説が浮かびます。これを、「いまどきの若者は、自分が成長できるかばかりを気にする」と一括りにして捉えてしまうことは、フルキャリの活躍を最大限引き出す上でもったいないことなのではないかと考えます。

(2) 「子どもを預けてまで働くのだからこそ」という独特なモチベーションで働くフルキャリ

◉フルキャリが抱える2つの葛藤

これまでは、「女性は母親になると仕事への意欲が下がってしまう」といわれることがあったが、少なくともフルキャリに限っていえば、もともと持っている高い仕事への意欲は、母親になったからといって低下するとは限らないことを説明してきました。さらに筆者は、「子育てとの両立には様々な大変さや葛藤があるが、その上で働くのだから」と、より誰かのためになり、他者から評価される仕事にも挑戦したいと、かえって仕事への意欲を高める傾向があることも、フルキャリの特徴の1つだと考えています。

子どもを持ち、母親として子育ても頑張りたいと考えるフルキャリがぶち当たる壁の1つが、子どもとの時間を犠牲にしてまで働くことについての葛藤との闘いです。フルキャリは、「子育てのために発生する就労制約により、仕事上の責任が十分に果たせないこと」と「仕事上の責任をできる限り全うしようとするあまりに、大切にしているはずの子育てがおろそかになっていること」という、2つの葛藤を抱えながら就労しています。

その葛藤を払拭するために仕事をセーブすることを選択する傾向のあるゆるキャリに対して、「子どもを預けてまで働くからこそ、誰かの役に立ちたい、やりがいのある仕事をしていきたい」と仕事への想いを強めるというのがフルキャリの特徴です。そうした特徴が、先に紹介した、結婚や出産を経験しながらも「仕事でも成長したい」、「できる限り仕事でも挑戦したい」とするフルキャリが多いという結果に表れているのだと考えています。

実際に、「子どもを預けてまで働くからこそ、誰かの役に立ちたい、やりがいのある仕事をしていきたい」と仕事への想いを強め、その結果、出産前よりも仕事に前向きに取り組めるようになったとするフルキャリのエピソードを紹介します。

Cさん（34歳、コンサルティング業）

仕事を通じて知り合った夫の収入は、贅沢をしなければ家計を支えるには十分な額です。実は、結婚してから働く自分の気持ちに変化が生じました。「自分は何のために働いているのか」ということを度々考えるようになったのです。独身時代、「自分は何のために働いているのか」なんて考えることはありませんでした。今思えば、自分が自分の家計を支える存在であったので、そのような疑問を持つことがなかったのだと思います。

「自分は何のために働いているのか」を自問自答する日々は、初めてのことで動揺しました。しかし、一点の曇りもなく「家族のために働いている」（ように見えた）周囲には、とても相談することができませんでした。しばらくして子どもを授かったのですが、こんな中途半端な気持ちで仕事を続けてよいのだろうかと不安でたまりませんでした。このときは、その心配が杞憂に終わるとは思いもよりませんでした。

出産して、1年後に育休から復職しました。当初は初めての子育てと仕事との両立に慌ただしく、「自分は何のために働いているのか」なんて考える余裕はありませんでした。今でも慌ただしい日々であることに変わりはないのですが、不思議と「自分は何のために働いているのか」に悶々とすることはなくなりました。

その答えは出ていないのかもしれませんが、子どもを預けてまで仕事を続けるのであれば、ベタな言い方かもしれませんが、「いい仕事をしたいな」と思うようになったからなのではないかと思っています。長い時間母親と離れて過ごす子どもに、恥ずかしくない自分でいたいと思うようになりました。子どもを預けて働いて、職場で誰にも必要とされていないようでは子どもに顔向けできないなと。

子どもができたら「自分は何のために働いているのか」をもっと強烈に突き付けられるような気がして不安でした。子どもができてみたら逆に目標ができて、霞が晴れたようでした。

現実は、まだまだ「いい仕事ができている」状態にはほど遠く、毎日苦戦していますが、以前より気持ちはとても前向きなのが自分でも不思議です。

◉子どもを持つことにより生まれる新たな仕事への意欲は離職の動機にもなり得る

筆者が行った別の調査では、育休から復職してくる女性社員の仕事への意欲は出産前と変わらないことが明らかになっています。意欲の「大きさ」はさほど変わっていないのですが、意欲の「源泉」は変わることがあることは注目しておくべきでしょう。「子どもを預けてまで働くからには」は、育休から復職し、子育てをしながら働くフルキャリに生まれる新たな意欲の源泉の代表例です。

このフルキャリ特有の意欲の源泉を理解しておくことは、フルキャリを理解し、フルキャリのパフォーマンスの最大化を試みる上で極めて重要だと考えています。

ただし、このフルキャリ特有の意欲の「源泉」は、諸刃の剣であることにも注意が必要です。「今の中途半端な状態での仕事は、子どもを預けてまですることなのだろうか」などと、仕事において充足感が得られないことが離職や仕事のセーブ（責任や負担の軽い業務に就くことを選ぶ）を考える動機になり得るのです。次はこの点について深掘りしていきたいと思います。

(3) 本当は家庭理由ではなく、仕事が理由で職場を去るフルキャリ

◉退職理由「家庭との両立が難しい」は建前

従来、女性が離職する理由として大きく取り上げられてきたのが「家庭や子育てとの両立が困難」というキーワードでした。実際に結婚する相手の勤務地や配偶者の転勤による転居など、家庭の事情で就業継続が困難になるようなことはあります。また、配偶者の働き方、子どもの状況、自身の健康などにより、両立に掛かる負担が過大となって離職やより責任や負担の軽い業務に就くことを選ぶケースもあります。これは今でも、そして今後も起こるケースであり、引き続き有効な対策の検討が重要です。

一方、筆者が問題だったと考えているのは、女性の離職は、その大半が、家庭の事情に起因したものであり、それゆえに上司や会社としてはいかんともし難いものであると結論付けられてしまってきたと考えられることです。これまで日本企業の多くが、結婚や出産の前後で離職する女性の離職理由を、「両立が難しい」、「家庭を優先したい」、「家庭状況」と括って、プライベートな事情だと自ら防衛線を引いたことで、なぜそのような思いに

至ったのかについての詳細な把握・分析まではしてこなかったのではないでしょうか。

◉仕事やキャリアについての不安が両立のハードルをより高くする

筆者は、女性の離職の中でも、フルキャリの離職に焦点を当てると、実は違った背景が見えてくると考えています。

結婚・出産・子育て期に仕事を辞めようと考えたことのあるフルキャリのおよそ半数が、仕事を辞めようと考えた際、同時期に仕事に対して「自身の能力不足や成長への不安を感じていた」、「自身のキャリアに行き詰まりを感じていた」と回答しています。

仕事も、家事や子育てなどのプライベートもどちらも前向きに取り組みたいと考えるフルキャリには、どちらか一方で達成感や充実感を感じにくくなると、双方を両立させようとする意欲の維持が難しくなり、結果、両立のハードルを実際の高さよりも一層高く感じるようになる傾向があります。

つまり、家事や子育てと仕事で同時にチャレンジしようとするフルキャリは、仕事で強い不安感を感じたとき、両立のハードル実感値が急激に高まり、結果、双方へのチャレンジが困難であると結論付けようという方向に意識が働いてしまうのです。

図表3－5 「フルキャリ」女性が仕事を辞めることを考えた際に感じていたこと

（仕事を辞めることを考えたことのある「フルキャリ」 N=214）

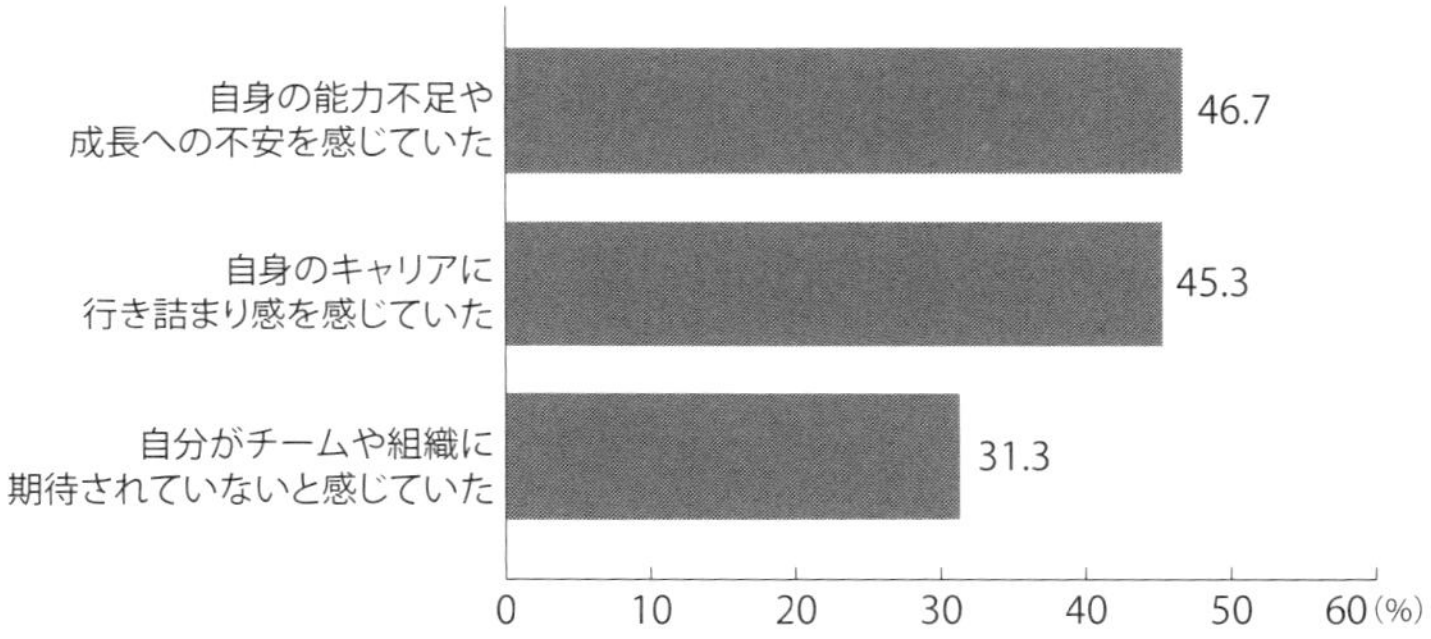

（注）「当てはまる」、「どちらかと言えば当てはまる」を回答した人の合計
（出所）NRI「働く女性5,454人に聞く仕事とキャリアの本音調査（2018年）」

言い換えれば、仕事で、「自身の成長」や「周囲への貢献」を、わずかであっても確実に実感できていれば、両立のハードルの高さは必要以上に上昇しないで済むのです。

家庭環境をそうそう変えることができない会社や管理職が、女性社員の子育てとの両立を支えるためにできることは、「働き方」を変えることくらいかなと思われているとすれば、この結果は示唆深いものだと思います。会社や管理職は、自身の成長や周囲への貢献を実感できる業務アサインやフィードバックなどを行う、つまり「仕事上の働きかけ」で、両立のハードルを下げる、少なくとも必要以上に上げないことができるのです。

Dさん（41歳、金融業）

不思議なもので、仕事がうまくいっているとき、具体的には、計画通りに仕事が進捗していたり、誰かの役に立てているなという実感があったりするときは、「両立が辛いな」と感じることは少ないように思います。

子育てをしながら今の仕事を続けることは難しいとこれまでで最も大きく悩んだのは、人事異動で部署が変わり、業務内容が変わったときです。一から業務を覚える必要がありましたが、焦りもあったのかなかなか慣れず、チームに貢献どころか負担を掛けているなという時期が続いていました。異動前のほうが業務量は多く忙しかったので、物理的に掛かっている負担は以前のほうがずっと大きかったのに、そのときが一番、「両立がしんどい」と感じました。

当時を振り返って気が付いたことは、実際に掛かっている「負担の強さ」と、それをどのような強さで感じるかという「負担感の強さ」は別物なのだということ。つまり、「負担感の強さ」は自分の状態によって感じ方が変わるということです。私の場合、仕事がうまくまわっている、周囲の役に立っているという実感があった異動前は、同じ負担の強さでも、負担感の強さはそれほどでもなく、仕事がうまくまわっていない、周囲に貢献できていないと感じていた異動後は、負担感の強さをより強く感じていたのではないかと思います。

子どもが小さいうちは手が掛かるから両立が大変、こういう仕事は責任が重く両立が大変、という考えはあったのですが、仕事がうまくいっていないことから生じる不安ややるせなさなどの感情が、両立の負担をより大きく感じさせるというのは、これまで考えてもみなかったことでした。


もちろんフルキャリにおいても、前述のような家庭の状況を理由に離職や転職を考える人、考えざるを得ない人もいます。

しかし、フルキャリにとっては、成長や貢献を実感できずにいたり、周囲に迷惑を掛けているという不安感ややるせなさを感じていたりすることこそが、両立の負担の実感値を実際以上に高くし、その結果、仕事のモチベーション低下や離職というフルキャリの決断を招いてしまう可能性についても無視できないのではないでしょうか。

◉組織を去るフルキャリに活躍の場を提供するサービスが活況

「成長や貢献の実感喪失や不安感の高まり」がきっかけとなって起こった離職動機を、家庭を優先したいからだろうと画一的に捉えるのは、企業にとって大きな損失です。このことをご理解いただく上で、参考になりそうな環境変化をもう1つご紹介したいと思います。

それは、働くからには周囲に貢献したいと考えるフルキャリ女性の、転職や再就職を支援するサービスの出現です。

これまでも正社員で働いてきた女性の再就職・転職を支援するサービスはありました。その多くは、「週2日から」、「残業なし」など仕事の負荷を抑えた仕事や、「経験がなくても大丈夫」とうたった誰でもできることを売りとした仕事の紹介が中心でした。ところが最近では、キャリアアップを目指してきた経験を持ち、家庭や子育てとキャリアの両立も目指す女性を対象とした、再就職・転職支援サービスが増えてきています。

真に、現在の職場では将来がないかどうかは別にして、本人が現在の職場での仕事に大きな不安ややるせなさを感じたことがきっかけとなって転職を考える。その結果、今後、新たな職場で子育てを頑張りながら仕事でも成長を感じ、キャリアの可能性を開くフルキャリが増えてくるでしょう。

現に、そうしたサービスは活況だといいます。一部の企業では、そうしたサービスを活用して、仕事やキャリアにも意欲の高いフルキャリを自社に迎えることで戦力を確保し始めています。第1章の冒頭で説明したように、多くの企業は、自社が誰もが活躍できる企業であることを世に示すため、女性管理職比率を上げていきたいと考えています。女性管理職を増やすためには、まず意欲のある女性の層をできるだけ長い間厚く維持しなければなりません。その意味では、先ほど挙げたフルキャリ女性の転職や再就職を支援するサービスを活用して、他社が活かしきれなかった人材を自社に迎え入れるという動きが加速する可能性は、十分にあると考えます。

フルキャリの人材流出がすべて、企業や現場の責任だといいたいのではありません。しかし、これまで離職動機を画一的に捉えて「家庭を優先したいということであれば仕方がない」と諦めていた人材流出が、実は家庭理由だけではなく、「成長や貢献の実感喪失や不安感の高まり」がきっかけとなっていたとすれば、どう思われるでしょうか。この場合、入社直後から若手時代の人材育成と産休・育休時期、育休からの復職後の短時間勤務時期の支援に投資するだけ投資して、投資に見合う十分な回収をしきれず、他社に回収機会だけを提供してしまうことになるでしょう。

女性就業者が増え、ますます増えることが予想される中、その多くをフルキャリが占めるようになることを考えれば、その人材流出は避けられないものなのか、避けられるものなのか、真面目に考えるべき時期が来ているというのが筆者の考えです。

(4) 管理職が思うほど、業務上の配慮を望んでいないフルキャリ

◉フルキャリは自分の上司をどう見ているか

これまではフルキャリ本人の内面に迫ってきました。次に挙げるフルキャリの特徴は、フルキャリと彼女たちの上司との関係についてです。

フルキャリたちは、上司に対しても様々な思いを抱えています。一方の女性の部下を抱える男性管理職も当然、女性の部下に対して様々な思いを抱えていることと思います。それぞれに対して実施したアンケート調査の結果を照らし合わせることで、それぞれの思いの関係性を読み解いていきたいと思います。

なお、調査の中で出てくる「上司」は男性の管理職のことを指しています。最近では、

上司が女性であることも増えてきましたが、まだまだ少数派であることを踏まえ、アンケート調査では、直属の上司が男性であるフルキャリを対象としているためです。

まずは、フルキャリ本人のアンケート調査結果を見てみましょう。

「自身の上司は自分の育成に積極的だ」と思っているフルキャリは62・6％でした（図表3－6）。一方、37・4％のフルキャリは「自分の上司は自分の育成に積極的ではない」と回答しています。フルキャリの3人に1人は自分の上司は自分の育成に積極的ではないと感じていることになります。

さらに、自分の上司は『男性の部下』と『女性の部下』とで育成の積極度合いが異なるかどうかについて、フルキャリに確認したところ、フルキャリの63・7％は「『男性の部下』と『女性の部下』とで、上司の育成積極度は変わらない」とする一方で、フルキャリの30・0％は、「『女性の部下』よりも『男性の部下』の育成に積極的だ」と感じていることが分かりました（図表3－7）。

第1章で紹介したように、女性の部下の育成に自信がないとする管理職が多かったことを踏まえると、管理職にとっても女性の部下の育成は悩みの1つであり、女性の部下から見ても、上司が女性である自身の育成に積極的ではない、男性の部下のほうが積極的であ

図表３－６　あなたの上司はあなたの育成に積極的だと思いますか

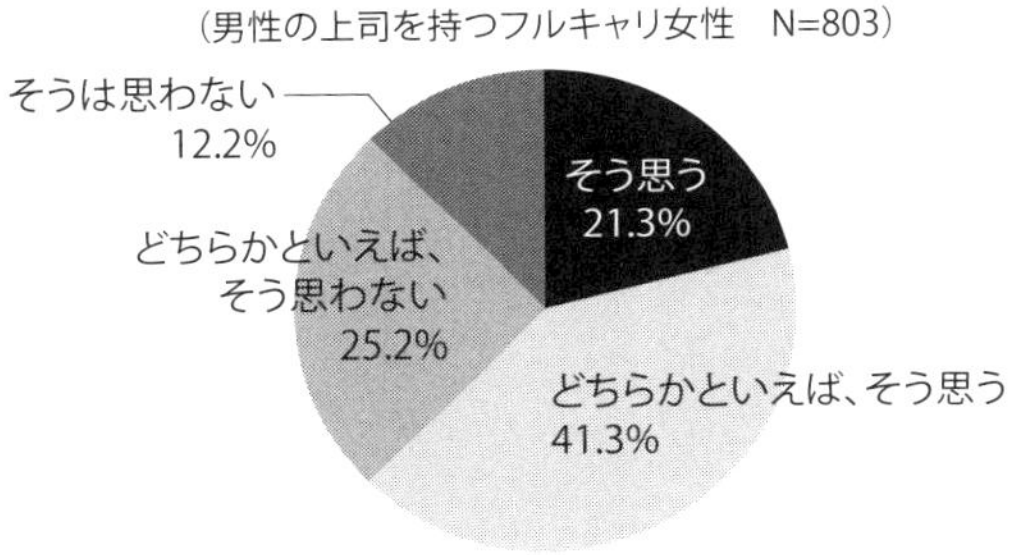

（出所）NRI「働く女性 5,454 人に聞く仕事とキャリアの本音調査（2018 年）」

図表３－７　あなたの上司の部下育成の積極度合いに男女差があると思いますか

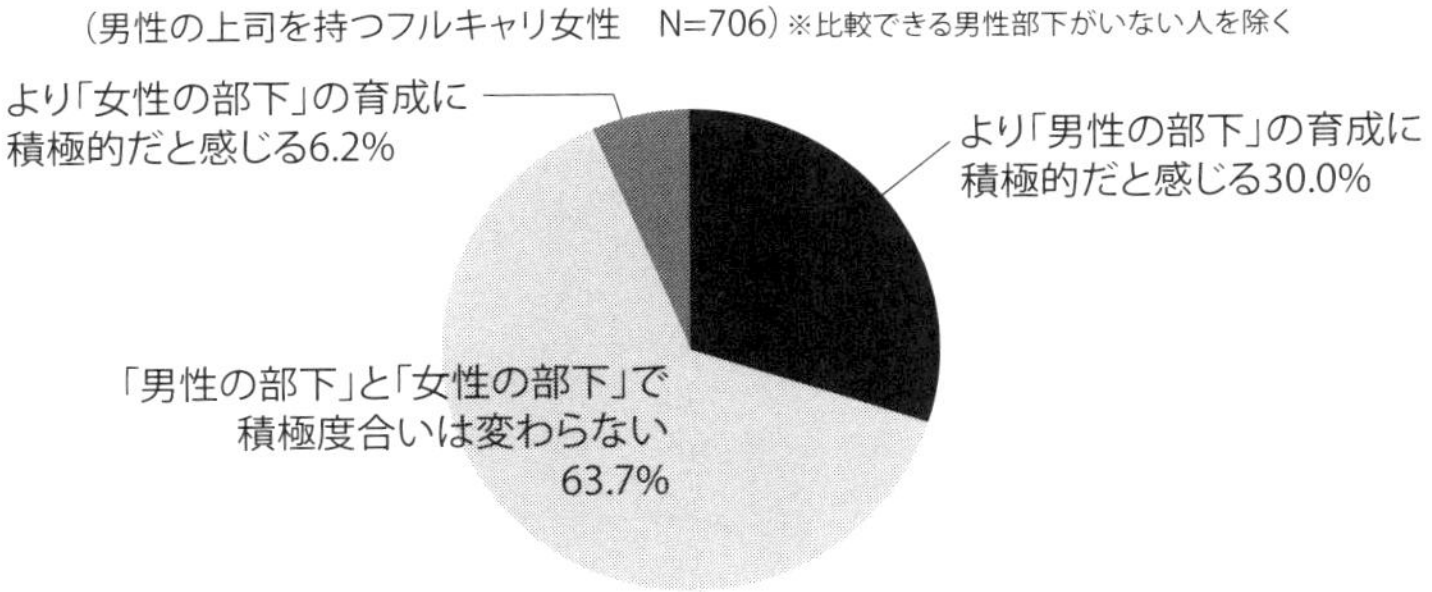

（出所）NRI「働く女性 5,454 人に聞く仕事とキャリアの本音調査（2018 年）」

ると感じてしまっている現状がうかがえます。

◉男性管理職には女性の部下にしにくいことがある

続いて、第2章でご紹介した男性管理職を対象に実施したアンケート調査より、男性管理職が「男性の部下」と比べて「女性の部下」に対してしにくいと感じていることにはどのようなことがあるのかを、確認してみます。

調査によると、「男性の部下」よりも「女性の部下」に対してしにくいと最も多くの男性管理職が挙げたのが「人材育成を目的とした厳しめの指導」でした（図表3－8）。70％を超える男性管理職が、「人材育成を目的とした厳しめの指導」を女性の部下に対してしにくいと感じていました。

その他、過半数の管理職が「女性の部下」に対してしにくいと回答したものは、「部下の中長期的なキャリア形成についてのコミュニケーションやアドバイス」（53・7％）、「プライベートな内容のコミュニケーション」（51・3％）、「管理職昇進への意欲を持たせるような働きかけ」（51・3％）でした。なお、「プライベートな内容のコミュニケーション」については次項(5)で改めて説明しますので、ここではそれ以外に注目します。

図表３－８　男性管理職が「女性の部下」にしにくいもの

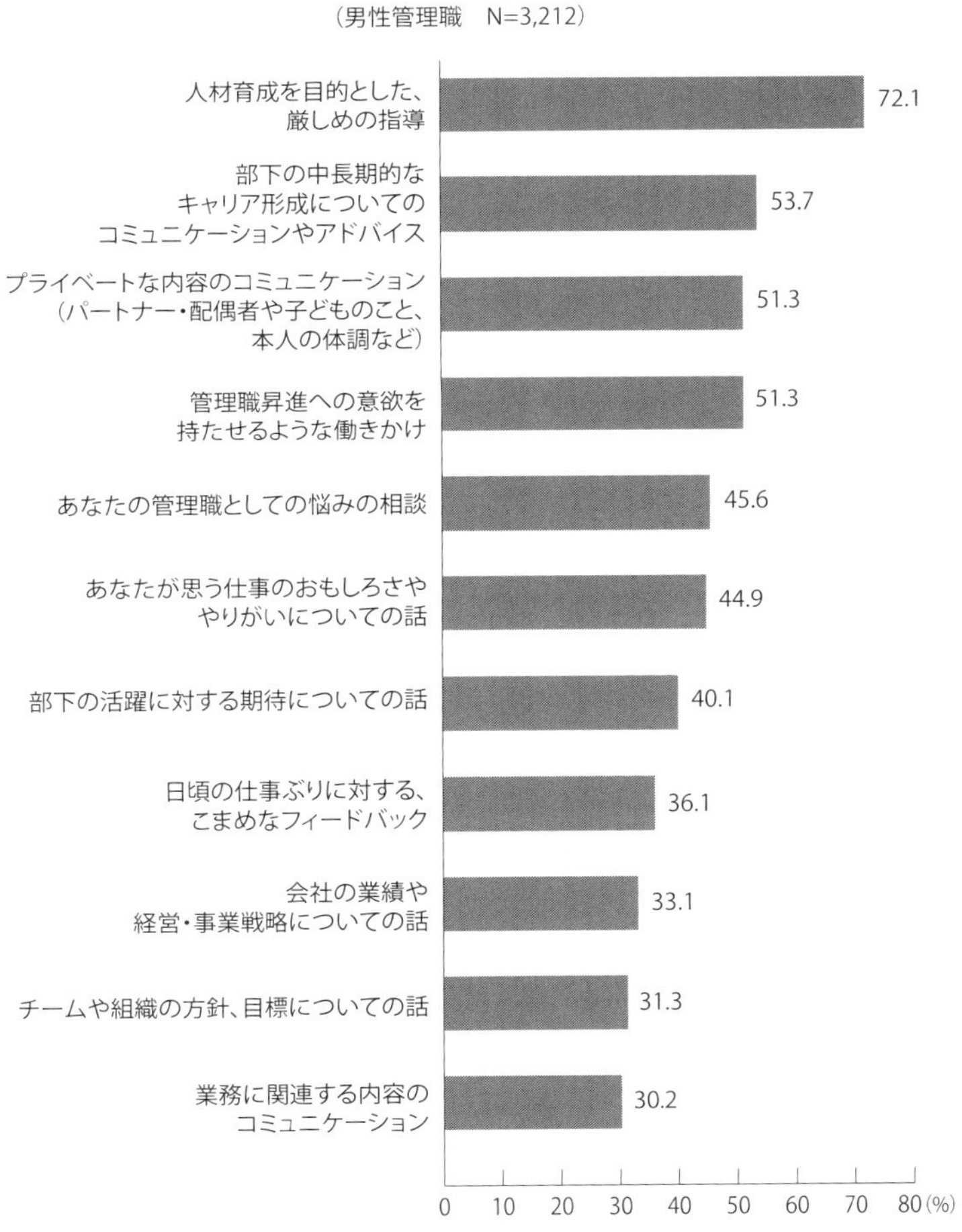
（男性管理職　N=3,212）
人材育成を目的とした、厳しめの指導
72.1
部下の中長期的なキャリア形成についてのコミュニケーションやアドバイス
53.7
プライベートな内容のコミュニケーション（パートナー・配偶者や子どものこと、本人の体調など）
51.3
管理職昇進への意欲を持たせるような働きかけ
51.3
あなたの管理職としての悩みの相談
45.6
あなたが思う仕事のおもしろさややりがいについての話
44.9
部下の活躍に対する期待についての話
40.1
日頃の仕事ぶりに対する、こまめなフィードバック
36.1
会社の業績や経営・事業戦略についての話
33.1
チームや組織の方針、目標についての話
31.3
業務に関連する内容のコミュニケーション
30.2
0
10
20
30
40
50
60
70
80（%）

（注）男性の部下にするのと比較して女性の部下にしにくいと回答した人の割合
（出所）NRI「男性管理職 4,718 人に聞く人材マネジメントの現状と課題調査（2018 年）」

調査の結果からは、男性管理職の多くが、女性の部下に対して、「人材育成を目的とした厳しめの指導」、「部下の中長期的なキャリア形成についてのコミュニケーションやアドバイス」、「管理職昇進への意欲を持たせるような働きかけ」をしにくいと感じていることが分かりました。しにくいと感じている内容を眺めると、女性を男性と同じように扱うことへの抵抗感や、女性はライフイベントがあるので将来のことを考えるのが難しいといった考えや判断が、男性管理職側にあることがうかがえます。第1章(4)で紹介した調査結果でも「女性の部下」を指導・育成する上での悩みの上位は、「厳しく指導することや叱ることにはためらいがある」「どの程度、昇進意欲を持っているのか読みにくい」でした。部下が男性の場合と比べて、女性の場合にはしにくい指導やコミュニケーションがあり、それが女性の部下を部下に持つ難しさとなっている様子がうかがえる結果となりました。

一方、女性の部下は、男性管理職にこのようなしにくさがあるという状況をどのように感じているのでしょうか。再び、女性正社員を対象に実施したアンケート調査のうち、フルキャリの結果をご覧いただきます。

直属の管理職（男性）からされていないと感じていることとして最も多くのフルキャリが挙げたのは、「人材育成を目的とした厳しめの指導」（74・7％）でした（図表3－9）。

図表３－９　男性上司からされていないと感じていること

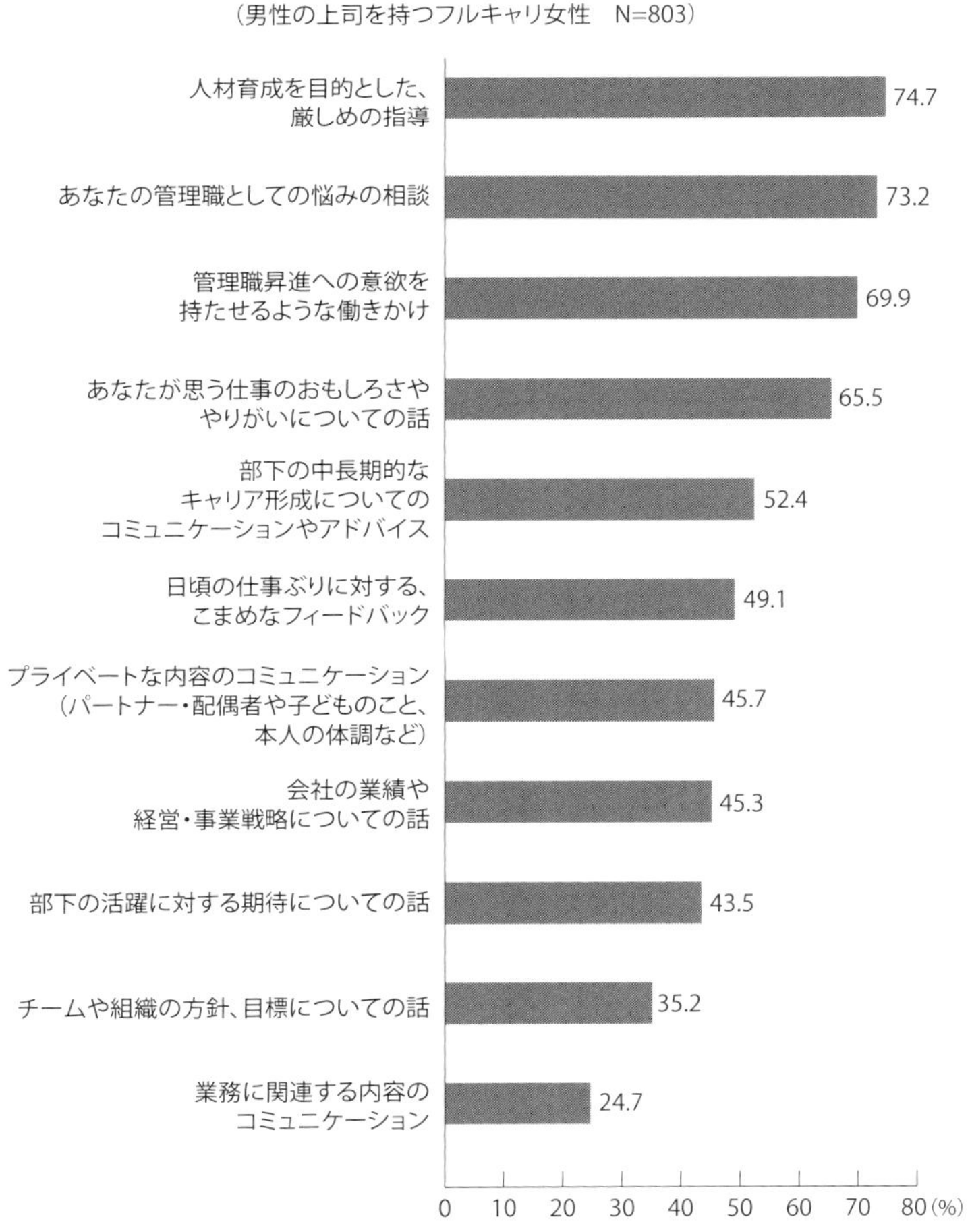
（男性の上司を持つフルキャリ女性　N=803）
人材育成を目的とした、厳しめの指導
74.7
あなたの管理職としての悩みの相談
73.2
管理職昇進への意欲を持たせるような働きかけ
69.9
あなたが思う仕事のおもしろさややりがいについての話
65.5
部下の中長期的なキャリア形成についてのコミュニケーションやアドバイス
52.4
日頃の仕事ぶりに対する、こまめなフィードバック
49.1
プライベートな内容のコミュニケーション（パートナー・配偶者や子どものこと、本人の体調など）
45.7
会社の業績や経営・事業戦略についての話
45.3
部下の活躍に対する期待についての話
43.5
チームや組織の方針、目標についての話
35.2
業務に関連する内容のコミュニケーション
24.7
0
10
20
30
40
50
60
70
80（%）

（注）「ほとんどされていない」、「全くされていない」と回答した人の合計
（出所）NRI「働く女性 5,454 人に聞く仕事とキャリアの本音調査（2018 年）」

最も多くの男性管理職が女性の部下に対してしにくいと回答したものと同じという結果となりました。続いて多くのフルキャリ女性が挙げたのが「管理職としての悩みの相談」（73・2％）、「管理職昇進への意欲を持たせるような働きかけ」（69・9％）、「上司が思う仕事のおもしろさややりがいについての話」（65・5％）、「部下の中長期的なキャリア形成についてのコミュニケーションやアドバイス」（52・4％）でした。

アンケートの結果ですので、あくまでフルキャリ本人が「上司からされていない」と感じていることであり、実際にされていないことを断定できるものではないことには注意が必要です。管理職を務める皆さんの感覚と照らし合わせて、どう感じられるでしょうか。

◉食い違う管理職とフルキャリの想い

フルキャリが男性の上司からされていないことと、男性管理職が女性の部下に対してしにくいことにはどのような関係があるのでしょうか。それぞれの結果を図表3－10のように整理してみました。

男性管理職の多くが女性の部下に対してしにくいとする指導やコミュニケーションは、フルキャリ女性からみても「上司からされることが少ない」と感じている人の割合が高い

図表3－10　男性管理職の本音とフルキャリの実態

		男性管理職 (%)		フルキャリ (%)
「女性の部下に対してしにくい」と回答した男性管理職の割合（N=3,212）				「男性の上司からされていない」と回答したフルキャリの割合（N=803）
第1位	人材育成を目的とした、厳しめの指導	72.1	⇔	74.7
第2位	部下の中長期的なキャリア形成についてのコミュニケーションやアドバイス	53.7	⇔	52.4
第3位	プライベートな内容のコミュニケーション（パートナー・配偶者や子どものこと、本人の体調など）	51.3	⇔	45.7
	管理職昇進への意欲を持たせるような働きかけ	51.3	⇔	69.9
第5位	あなたの管理職としての悩みの相談	45.6	⇔	73.2
第6位	あなたが思う仕事のおもしろさややりがいについての話	44.9	⇔	65.5
第7位	部下の活躍に対する期待についての話	40.1	⇔	43.5
第8位	日頃の仕事ぶりに対する、こまめなフィードバック	36.1	⇔	49.1
第9位	会社の業績や経営・事業戦略についての話	33.1	⇔	45.3
第10位	チームや組織の方針、目標についての話	31.3	⇔	35.2

（出所）NRI「男性管理職4,718人に聞く人材マネジメントの現状と課題調査（2018年）」、
NRI「働く女性5,454人に聞く仕事とキャリアの本音調査（2018年）」

という結果になりました。「しにくい」という心理的な抵抗感が実際に行うことの障壁になっている可能性がありそうです。

男性管理職の多くが女性の部下に対してしにくいとする指導やコミュニケーションが、実際に女性の部下に対して敬遠されがちであるとすれば、「女性の部下」は、同じ管理職を持つ「男性の部下」よりも、管理職からの一部の指導やコミュニケーションの機会が減ってしまっている可能性が危惧されます。

本人が「されていない」と回答しているものであっても、当の本人が「されたくない」と思っていることもあります。逆に、本人は「して欲しい」と思っているのに、「されていない」と感じていることもあります。フルキャリのマネジメントを考える上で、筆者が注目しているのは、後者の「本人はして欲しいと思っていることが実際にはされていない」という状況です。日々のマネジメントの中には、本人は「されたくない」と思っているが、雇用者・管理者としては「しなければならない」こともあると思います。この場合の「する」労力は大変なものかと推察します。それを考えれば、「本人はして欲しいと思っていることが実際にはされていない」ことを積極的に行っていくことのハードルは低いはずです。

では、「本人はして欲しいと思っていることが実際にはされていない」とはどういう状況なのでしょうか。この状況を読み解く鍵の1つは、これまでに幾度となく触れてきた「管理職による配慮の存在」です。管理職が良かれと思って行っている配慮の中には、フルキャリにとって「できればされたくない配慮」、もしくは「ありがたくももどかしい配慮」があるのです。どのような配慮が、フルキャリにとって「できればされたくない配慮」、もしくは「ありがたくももどかしい配慮」なのかについて、そうした「配慮」が顕在化する子育て期のフルキャリに焦点を当てて、具体的に見ていきましょう。

◉子育てしながら働くフルキャリには上司にされたくない「配慮」がある

図表3－11は、子育てをしながら働くフルキャリが、「子育てをしているからといってされたくない配慮」を確認したものです。

最もされたくない配慮は、「中長期的なキャリア形成についてのコミュニケーションを控えること」(72・3％) でした。「中長期的なキャリア形成についてのコミュニケーション」は、男性管理職の2人に1人が女性の部下にしにくいと回答したものです。男性管理職の半数が女性に対してしにくいと感じている中長期的な話について、実際には子育てをしながら働くフルキャリの大半が、上司にして欲しい、上司と話をしたいと考えている様子がうかがえる結果となりました。

その他、多くの子育てをしながら働く女性フルキャリが上司にされたくないと考えたこととして、「部下の活躍に対する期待についての話を控えること」(70・8%)、「日頃の仕事ぶりに対するこまめなフィードバックを控えること」(68・2%)が続きました。これらは、性別や子育てをしているいないにかかわらず、して欲しくない配慮かもしれません。

男性管理職の多くが女性の部下にはしにくいと回答した「プライベートな内容のコミュニケーション」、「人材育成を目的とした厳しめの指導」に関する結果を見てみると、「プライベートな内容のコミュニケーションを控えないで欲しい」とするフルキャリは65・1%、「厳しめの指導を控えないで欲しい」とするフルキャリは52・8%に及びました。フルキャリ本人たちは必ずしもプライベートな内容についてのコミュニケーションや人材育成を目的とした厳しめの指導を控えることを希望していないことがうかがえる結果となりました。

「中長期的なキャリア形成についてのコミュニケーション」を含め、それらは多くの子育てをしながら働く女性がされていないと感じているものでもあります。そうしたコミュ

図表３－11　子育てしながら働くフルキャリが上司にされたくない配慮

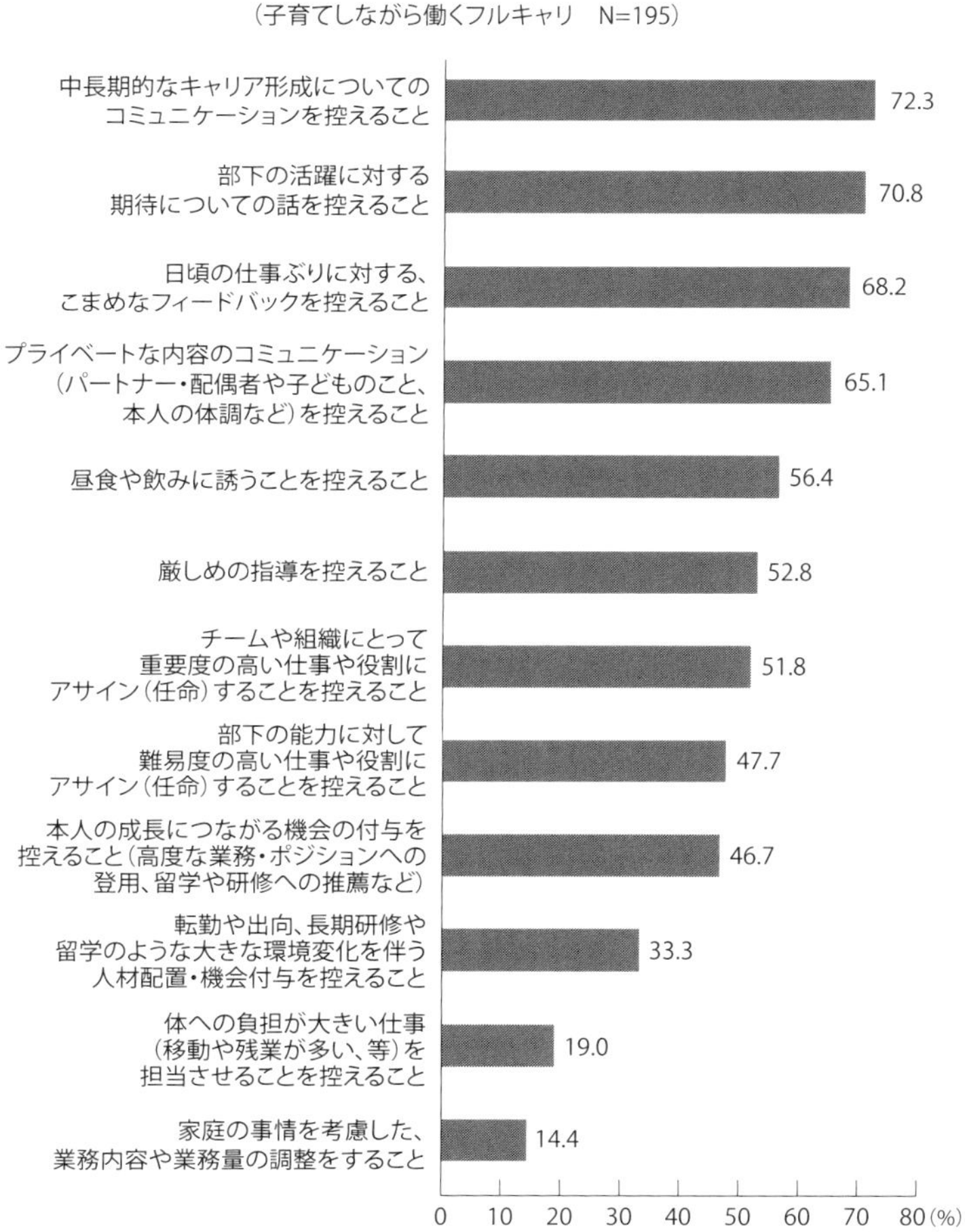
（子育てしながら働くフルキャリ　N=195）
中長期的なキャリア形成についての
コミュニケーションを控えること
72.3
部下の活躍に対する
期待についての話を控えること
70.8
日頃の仕事ぶりに対する、
こまめなフィードバックを控えること
68.2
プライベートな内容のコミュニケーション
（パートナー・配偶者や子どものこと、
本人の体調など）を控えること
65.1
昼食や飲みに誘うことを控えること
56.4
厳しめの指導を控えること
52.8
チームや組織にとって
重要度の高い仕事や役割に
アサイン（任命）することを控えること
51.8
部下の能力に対して
難易度の高い仕事や役割に
アサイン（任命）することを控えること
47.7
本人の成長につながる機会の付与を
控えること（高度な業務・ポジションへの
登用、留学や研修への推薦など）
46.7
転勤や出向、長期研修や
留学のような大きな環境変化を伴う
人材配置・機会付与を控えること
33.3
体への負担が大きい仕事
（移動や残業が多い、等）を
担当させることを控えること
19.0
家庭の事情を考慮した、
業務内容や業務量の調整をすること
14.4
0
10
20
30
40
50
60
70
80（%）

（注）「絶対にしてほしくない」、「できればしてほしくない」と回答した人の合計
（出所）NRI「働く女性 5,454 人に聞く仕事とキャリアの本音調査（2018 年）」

ニケーションを控えず、男性や子育てをしていない女性の同僚たちと同じ程度にはしてほしいと感じている様子がうかがえました。

さらに、「チームや組織にとって重要度の高い仕事や役割にアサインすることを控えること」や「能力に対して難易度の高い仕事や役割にアサインすることを控えること」、「成長につながる機会の付与を控えること」については、子育てをしながら働いていてもおおよそ2人に1人のフルキャリが「そのような配慮はされたくない」と回答しました。

「中長期的なキャリア形成についてのコミュニケーション」などと比べると、「配慮されたくない」とするフルキャリの割合は下がりますが、それでも2人に1人が子育てをしながら働いている中でも「チームや組織にとって重要度の高い仕事や役割へのアサイン」、「能力に対して難易度の高い仕事や役割へのアサイン」、「成長につながる機会の付与」をポジティブに捉えているという事実は見逃せないでしょう。

◉子育てしながら働く女性への明らかな誤解も

さらに、子育てしながら働くフルキャリが上司にされたくない配慮の多くについて、実は一定割合の管理職が「しにくい」と感じているだけでなく、「子育てしながら働く女性

図表３－12　フルキャリが上司にされたくない配慮 v.s. 男性管理職の考え

上司にされたくない配慮（第１位～第10位）		フルキャリ（子どもあり）（%） 「されたくない」と回答したフルキャリの割合（N=195）		男性管理職（%） 「子育てしながら働く女性部下に対してすべきだ」と考える男性管理職の割合（N=3,212）
第１位	中長期的なキャリア形成についてのコミュニケーションを控えること	72.3	⇔	36.7
第２位	部下の活躍に対する期待についての話を控えること	70.8	⇔	37.5
第３位	日頃の仕事ぶりに対する、こまめなフィードバックを控えること	68.2	⇔	42.3
第４位	プライベートな内容のコミュニケーション（パートナー・配偶者や子どものこと、本人の体調など）を控えること	65.1	⇔	60.0
第５位	昼食や飲みに誘うことを控えること	56.4	⇔	60.4
第６位	厳しめの指導を控えること	52.8	⇔	49.7
第７位	チームや組織にとって重要度の高い仕事や役割にアサイン（任命）することを控えること	51.8	⇔	50.2
第８位	部下の能力に対して難易度の高い仕事や役割にアサイン（任命）することを控えること	47.7	⇔	54.4
第９位	本人の成長につながる機会の付与を控えること（高度な業務・ポジションへの登用、留学や研修への推薦など）	46.7	⇔	54.9
第10位	転勤や出向、長期研修や留学のような大きな環境変化を伴う人材配置・機会付与を控えること	33.3	⇔	68.5

（出所）NRI「働く女性 5,454 人に聞く仕事とキャリアの本音調査（2018 年）」、NRI「男性管理職 4,718 人に聞く人材マネジメントの現状と課題調査（2018 年）」

の部下に対して控えるべきだ」と考えていることも分かりました。

子育てしながら働くフルキャリの約70％が「中長期的なキャリア形成についてのコミュニケーションを控えないで欲しい」と考えているのに対し、およそ40％の男性管理職は「子育て中の女性の部下に、中長期的なキャリア形成の話をすることは控えるべきである」と考えています。

「中長期的なキャリア形成についてのコミュニケーション」のような明らかな逆転現象こそないものの、「人材育成を目的とした厳しめの指導」、「チームや組織にとって重要度の高い仕事や役割へのアサイン」、「能力に対して難易度の高い仕事や役割へのアサイン」、「成長につながる機会の付与」については、子育てしながら働くフルキャリの約半数が前向きに捉えているのに対し、男性管理職の約半数も「子育てしながら働く女性の部下に対しては控えるべきである」と考えています。

双方ほぼ同じ割合ですから、そうした配慮をして欲しいと考えるフルキャリと、そのような配慮をすべきだという考えの男性管理職がペアになっていれば問題ないのかもしれません。しかし、そんなにうまくはいかないのが現実ではないでしょうか。

いずれも、男性管理職から見れば、本人の状況を慮った上での配慮、つまり好意による

図表3－13　子どものいるフルキャリが上司にされたくない配慮

（%）

上司にされたくない配慮（第1位～第10位）		フルキャリ（子どもあり）（N=195）	参考	
			バリキャリ（子どもあり）（N=23）	ゆるキャリ（子どもあり）（N=92）
第1位	中長期的なキャリア形成についてのコミュニケーションを控えること	72.3	60.9	60.9
第2位	部下の活躍に対する期待についての話を控えること	70.8	43.5	62.0
第3位	日頃の仕事ぶりに対する、こまめなフィードバックを控えること	68.2	60.9	57.6
第4位	プライベートな内容のコミュニケーション（パートナー・配偶者や子どものこと、本人の体調など）を控えること	65.1	43.5	60.9
第5位	昼食や飲みに誘うことを控えること	56.4	47.8	40.2
第6位	厳しめの指導を控えること	52.8	52.2	40.2
第7位	チームや組織にとって重要度の高い仕事や役割にアサイン（任命）することを控えること	51.8	43.5	31.5
第8位	部下の能力に対して難易度の高い仕事や役割にアサイン（任命）することを控えること	47.7	26.1	25.0
第9位	本人の成長につながる機会の付与を控えること（高度な業務・ポジションへの登用、留学や研修への推薦など）	46.7	43.5	32.6
第10位	転勤や出向、長期研修や留学のような大きな環境変化を伴う人材配置・機会付与を控えること	33.3	17.4	16.3

（出所）NRI「働く女性5,454人に聞く仕事とキャリアの本音調査（2018年）」

配慮の意味合いが強いと思います。しかしながら、アンケート結果でご覧いただいてきたように、フルキャリは、男性管理職が必要と考える配慮を必ずしも望んでいない可能性があります。配慮を望んでいないどころか、配慮しないで欲しいと考えているのです。

「上司にされたくない配慮」のフルキャリの結果を、バリキャリとゆるキャリの結果と比較してみたものが図表３－13です。回答者数に差があるのであくまで参考ですが、いずれの項目についても、フルキャリは「上司にされたくない」と思っている人の割合が高い傾向がうかがえます。「上司にされたくない」と思っている人の割合がゆるキャリよりも高いことは、子育てをしながら働くフルキャリの仕事に対するより高い意欲を反映しているように見えます。一方、「上司にされたくない」と思っている人の割合がバリキャリよりもかなり高いものもあります。例えば、「中長期的なキャリア形成についてのコミュニケーション」（フルキャリ：72・３％、バリキャリ：60・９％）や「部下の活躍に対する期待についての話」（フルキャリ：70・８％、バリキャリ：43・５％）、「難易度の高い仕事や役割にアサインすること」（フルキャリ：47・７％、バリキャリ：26・１％）などです。

これらは仕事に対する意欲の違いを反映しているというよりも、子育てを極力制約とせ

図表3－14　これから子どもを持つ希望のあるフルキャリが上司にされたくない配慮

（%）

（将来、子育てしながら働く場合に）上司にされたくない配慮（第1位～第10位）		フルキャリ（出産希望あり）（N=455）	参考	
			バリキャリ（出産希望あり）（N=76）	ゆるキャリ（出産希望あり）（N=125）
第1位	部下の活躍に対する期待についての話を控えること	72.1	53.9	49.6
第2位	中長期的なキャリア形成についてのコミュニケーションを控えること	69.9	59.2	53.6
第3位	日頃の仕事ぶりに対する、こまめなフィードバックを控えること	66.8	61.8	48.8
第4位	プライベートな内容のコミュニケーション（パートナー・配偶者や子どものこと、本人の体調など）を控えること	65.7	53.9	53.6
第5位	昼食や飲みに誘うことを控えること	54.3	51.3	36.8
第6位	本人の成長につながる機会の付与を控えること（高度な業務・ポジションへの登用、留学や研修への推薦など）	49.5	50.0	32.0
第7位	厳しめの指導を控えること	43.5	56.6	30.4
第8位	チームや組織にとって重要度の高い仕事や役割にアサイン（任命）することを控えること	43.3	52.6	24.0
第9位	部下の能力に対して難易度の高い仕事や役割にアサイン（任命）することを控えること	39.6	46.1	24.0
第10位	転勤や出向、長期研修や留学のような大きな環境変化を伴う人材配置・機会付与を控えること	23.7	26.3	20.0

（出所）NRI「働く女性5,454人に聞く仕事とキャリアの本音調査（2018年）」

ずに働くバリキャリと比較して、子育ても仕事もどちらもと奮闘するフルキャリには、上記のようなコミュニケーションや機会付与が控えられてしまっている可能性があることを示唆しているのではないかと考えています。その結果として、上記のような配慮を「上司にされたくない」と強く感じているフルキャリが多いのではないかと思うのです。

現在、子育てをしながら働くフルキャリで見られたこのような傾向は、今後子育てをしながら働きたいとするフルキャリにもみられました（図表3－14）。これから出産し、復職してくるフルキャリの多くも、男性管理職が「控えるべきだ」と考える配慮を、必ずしも望んでいないことが分かります。

フルキャリは男性管理職が思うほどに仕事やキャリアに対する配慮を求めていない実態が明らかになりました。上司であるあなたが、部下の成長のために必要だと判断するのであれば、女性の部下であっても、子育てしながら働く女性の部下であっても、人材育成を目的とした厳しめの指導や中長期のキャリアに関する話、管理職昇進への意欲を持たせるような話などを持ち掛けることは、過度に遠慮する必要はないといえるのではないでしょうか。

(5) 業務とキャリアのために家庭の状況を上司と共有しておきたいフルキャリは少なくない

◉プライベートな内容についてのコミュニケーションを控えて欲しくないフルキャリ

前項(4)で、男性管理職が男性の部下よりも女性の部下にしにくいものとして「プライベートな内容のコミュニケーション（パートナー・配偶者や子どものこと、本人の体調など）」が上位に挙がっていることを紹介しました。そしてフルキャリの多くが、子育てをしているからといって「プライベートな内容のコミュニケーションを控えて欲しくない」と考えていることを説明しました。

フルキャリはなぜ「プライベートな内容のコミュニケーションを控えて欲しくない」と考えているのでしょうか。

調査の結果、将来のキャリアを考えていく上で家庭の状況を上司と共有したほうが好ましいと考えているフルキャリは決して少なくないことが分かりました。40％近くのフルキャリが「そう思う」と回答しています（図表3－15）。また、「どちらかと言えば、そう

図表3－15　将来のキャリアを考えていく上で、家庭の状況を上司と共有したほうがよいと思うか

（男性の上司を持つ子育て中のフルキャリ女性　N=299）

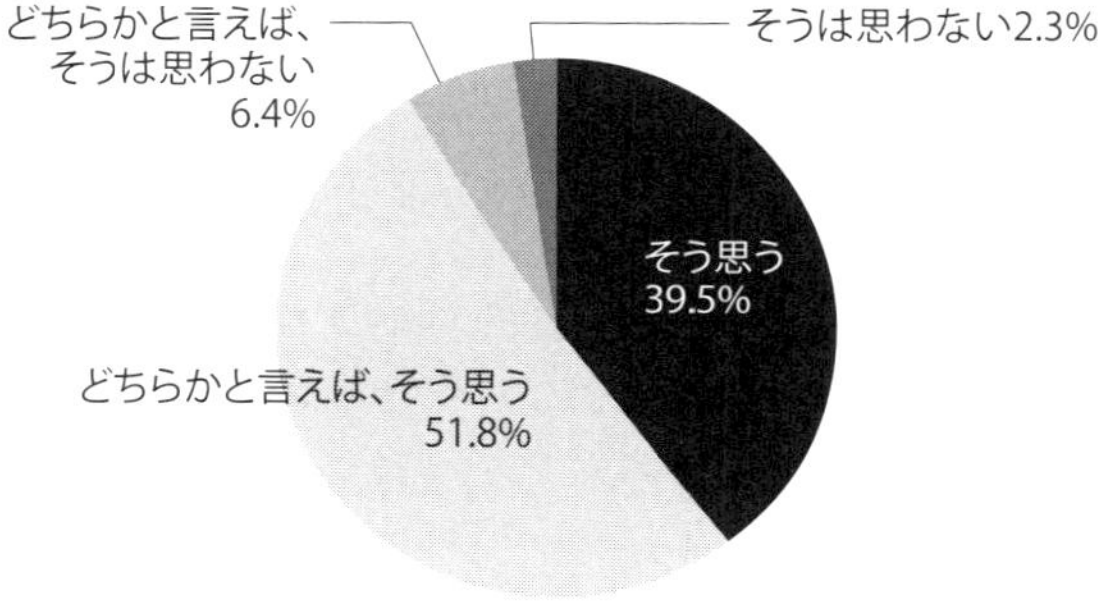

（出所）NRI「働く女性5,454人に聞く仕事とキャリアの本音調査（2018年）」

思う」を含めると、フルキャリの約90％が「将来のキャリアを考えていく上で、家庭の状況を上司と共有したほうがよい」と考えていることが分かりました。

自分の家庭の状況を上司と共有したほうがよいと考える理由を確認すると、フルキャリの場合、理由として当てはまると回答した人が最も多かったのは「仕事がしやすくなると思うから」（75・8％）というものでした（図表3－16）。「業務上の配慮をしてもらえると思うから」を理由としてあげた人（65・2％）よりも「仕事がしやすくなると思うから」を理由としてあげた人のほうが多く、「業務上の配慮」よりも「仕事のしやすさ」を理由と考える人が多い様子がうかがえまし

図表3－16　自分の家庭の状況を上司に共有したほうが良いと考える理由として当てはまるもの

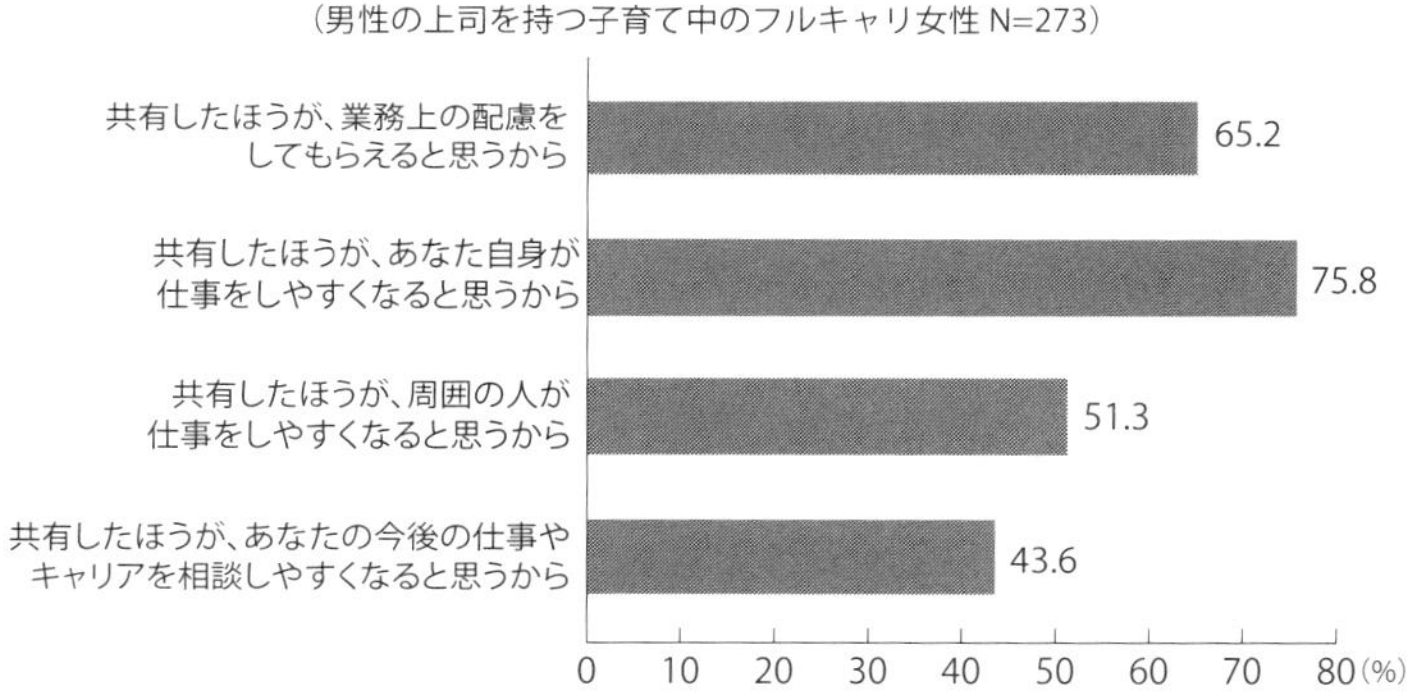

（注）「そう思う」、「どちらかと言えばそう思う」と回答した人の合計
（出所）NRI「働く女性5,454人に聞く仕事とキャリアの本音調査（2018年）」

た。実は、ゆるキャリの場合、最も多くの人が当てはまると回答したのが「業務上の配慮をしてもらえると思うから」（75・9％）でした。最も多くの人が当てはまると回答したのが「仕事がしやすくなると思うから」であったという結果もまた、フルキャリらしい結果といえそうです。

また、「周囲の人が仕事をしやすくなると思うから」、「今後の仕事やキャリアを上司と相談しやすくなるから」を理由とするフルキャリも半数近くいることが分かりました。

フルキャリについては、子育てをしながら働く上で、家庭の状況を上司と共有することをそれほどネガティブに捉えていません。むしろ、仕事をしやすくする上や、将来を考える上で、家庭の状況を上司と共有することが有効だと考えているフルキャリは多いのです。

「共有したいのであれば共有すればよいではないか」と思われる人もいるかもしれません。

◉自己都合の「主張」か？　組織に必要な「共有」か？

筆者も、共有することが望ましいが実際には共有できていない理由は、そのようなコミュニケーションを女性の部下と行うことに抵抗感のある管理職にだけあるとは思っていません。現実には、フルキャリ本人にも抵抗感があるからです。

調査の結果、子育て中のフルキャリの多くが、子育てや家庭の状況は「自己都合」であり、職場で「自己都合」を主張すべきではないと考えていることが分かりました（図表3－17）。「子育てや家庭の状況はあくまで自己都合なので、あまり職場でそうした自己都合を主張すべきではないと思うか」という質問に対し、「そう思う」と回答した人の割合は、ゆるキャリにおける割合を大きく超えており、どちらかというとバリキャリに近い傾向を示しました（図表3－18）。

これらの結果から、フルキャリ本人が、業務やキャリアのためには家庭の状況を上司と

図表3－17　子育てや家庭の状況は自己都合なので、あまり職場でそうした自己都合を主張すべきではない

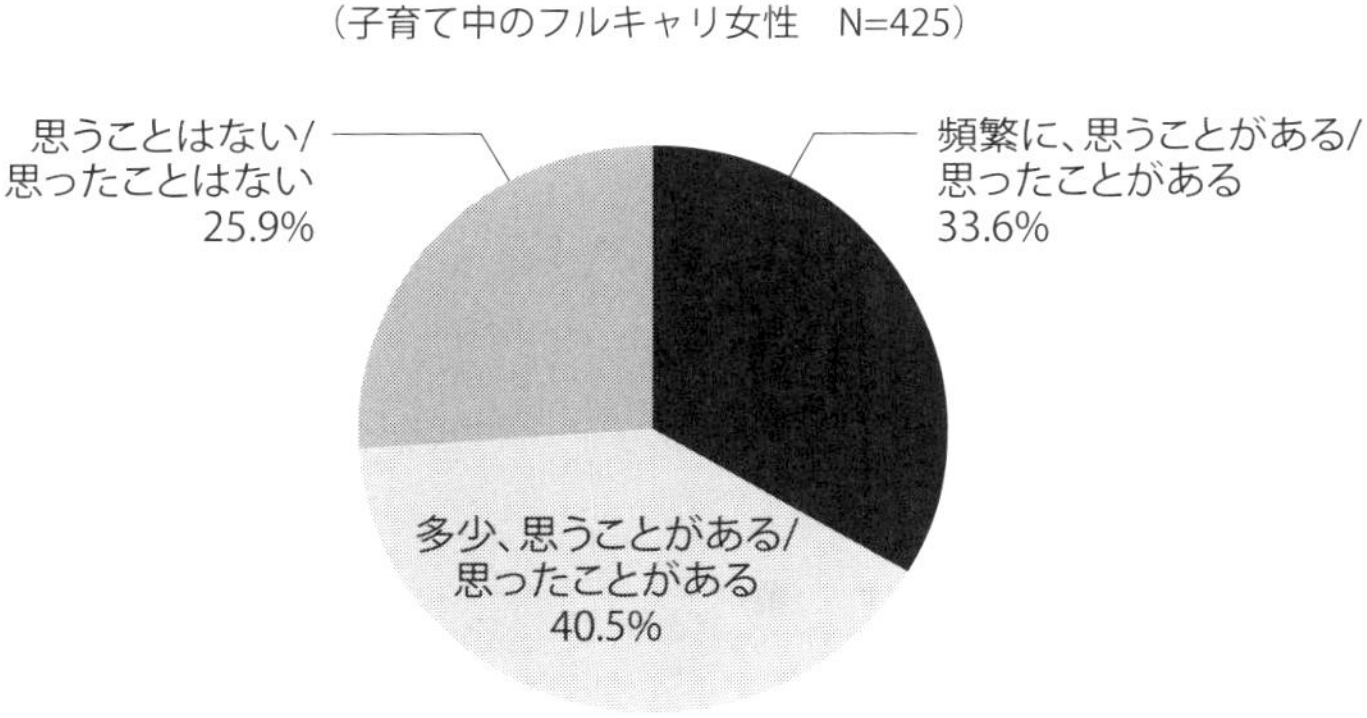

（出所）NRI「働く女性5,454人に聞く仕事とキャリアの本音調査（2018年）」

図表3－18　子育てや家庭の状況は自己都合なので、あまり職場でそうした自己都合を主張すべきではないと思うことがあるか

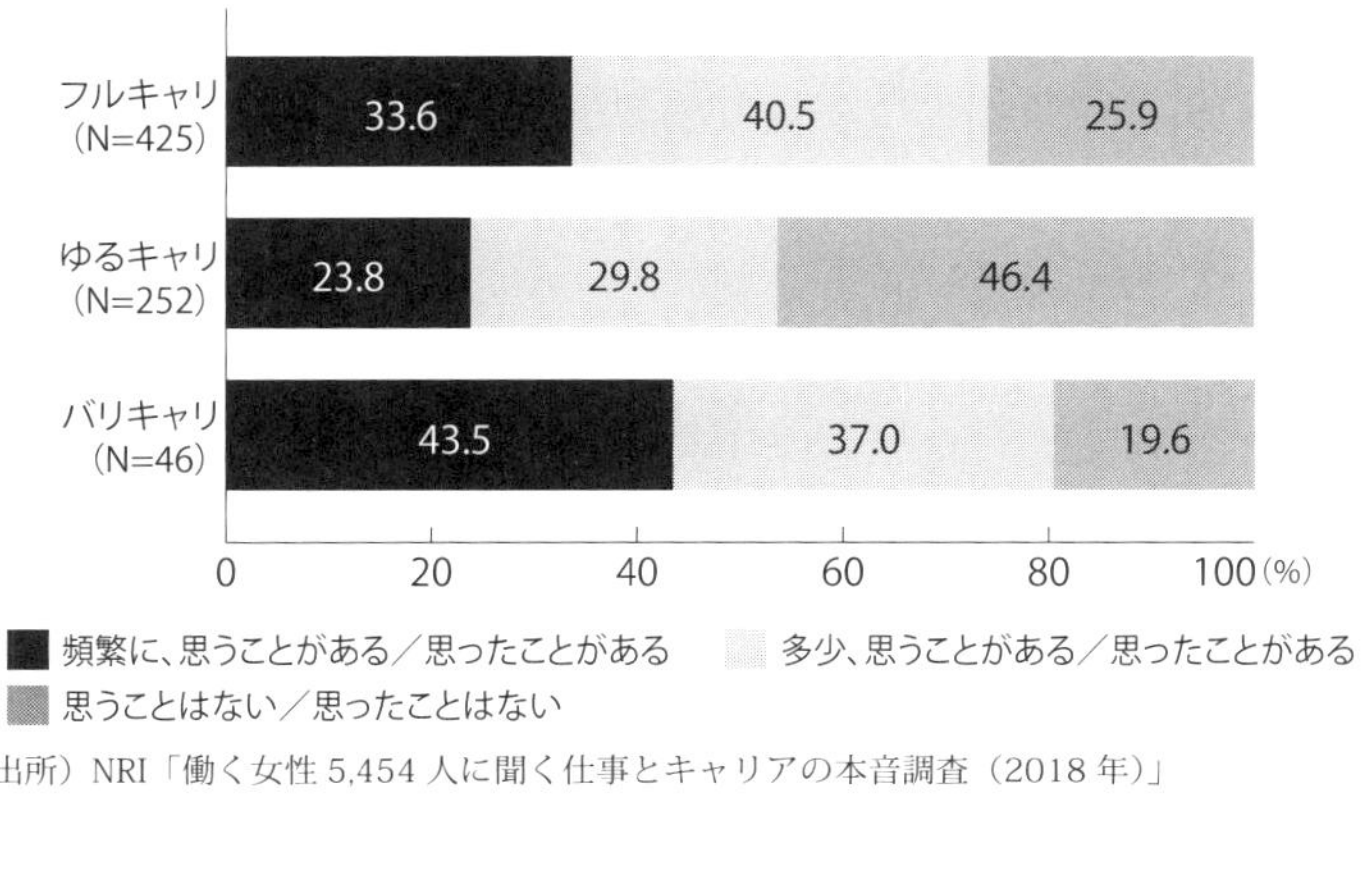

（出所）NRI「働く女性5,454人に聞く仕事とキャリアの本音調査（2018年）」

共有することが望ましいと思いつつも、家庭の状況のような『自己都合』を職場で主張することは避けるべきだろうと考えがちである様子がうかがえます。

確かに、家庭の状況を上司と共有することで、業務上の配慮だけを求めるのであれば「自己都合」になるのかもしれません。そうした「自己都合」の主張は、確かに組織にとって好ましいとはいえないと思います。ただし、先のアンケート結果で確認いただいたように、「自分や周囲が仕事をしやすくするため」、「今後のキャリアを相談しやすくするため」の共有であれば、本人にとってだけ重要な「自己都合」の主張ではなく、組織にとっても重要な「共有」だといえるのではないでしょうか。

(6) フルキャリがフルキャリのままでいるために必要なのは「成長と貢献の実感」

◉フルキャリの仕事の原動力は「やりがい」

最後に再びフルキャリの内面の特徴を１つ挙げたいと思います。

フルキャリは、子育てとの両立が大変であっても、せっかく仕事もするのだからやりが

図表3－19　仕事する上で、仕事に「やりがい」を感じることを重視する人の割合

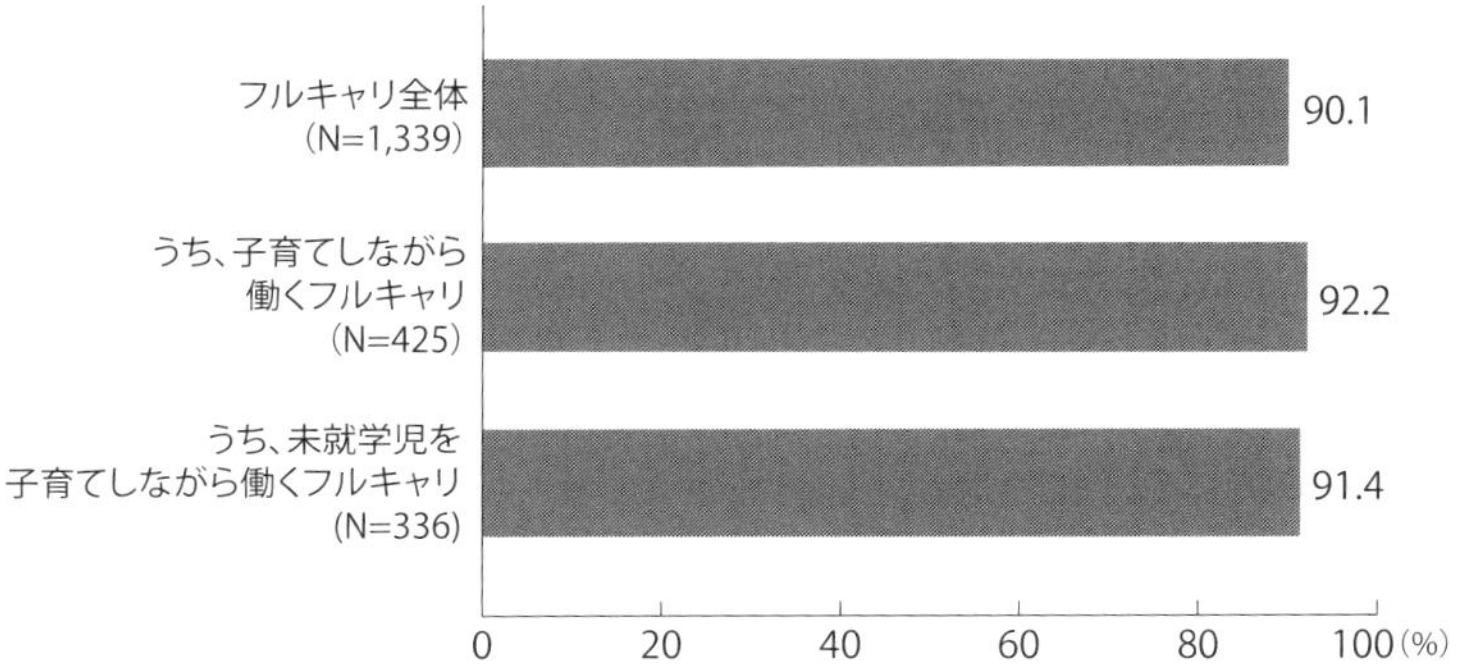

（注）「とても重視している」、「ある程度重視している」と回答した人の合計
（出所）NRI「働く女性 5,454 人に聞く仕事とキャリアの本音調査（2018 年）」

いのある仕事がしたいと、仕事を通じてやりがいを感じられることを極めて重視する特徴があります。調査によると、仕事をする上で重視することとして、「仕事に『やりがい』を感じること」を選択した人は90％を超えました（図表3－19）。子育てしながら働くフルキャリに限っても92・2％、未就学児の子育て中のフルキャリに限っても91・4％と、極めて多くの人が仕事をする上でやりがいが大事だと回答しています。

今後も、よりやりがいを感じられる仕事がしたいとするフルキャリも96・8％。さらに、フルキャリの過半数が、「状況次第では、業務量や労働時間が増えたとしても『やりがい』を感じられる仕事に従事することを希望する」と回

図表3－20 「やりがい」のある仕事に従事することに対する考え

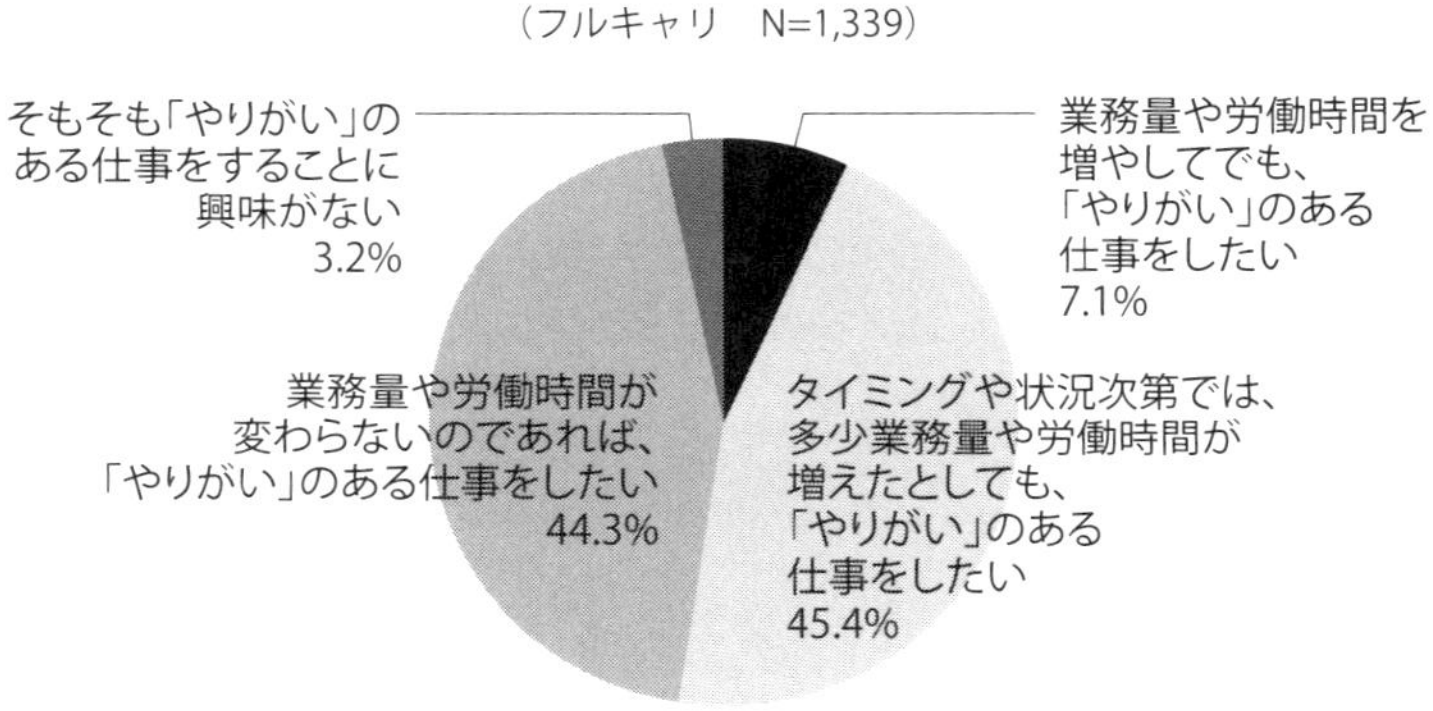
（フルキャリ　N=1,339）
そもそも「やりがい」のある仕事をすることに興味がない 3.2%
業務量や労働時間を増やしてでも、「やりがい」のある仕事をしたい 7.1%
業務量や労働時間が変わらないのであれば、「やりがい」のある仕事をしたい 44.3%
タイミングや状況次第では、多少業務量や労働時間が増えたとしても、「やりがい」のある仕事をしたい 45.4%

（出所）NRI「働く女性5,454人に聞く仕事とキャリアの本音調査（2018年）」

答しています（図表３－20）。

フルキャリの働く原動力は、仕事そのもののやりがいを確実に感じられるかどうかにあるといえそうです。

◉周囲からの感謝と信頼が「やりがい」を生む

働く人は、誰もが仕事を通じてやりがいを実感できることを求めているのかもしれません。そういう意味では、やりがいを重視すること自体は、何もフルキャリだけのことではないのかもしれません。ただし、筆者はフルキャリが重視する仕事のやりがいの中身に、フルキャリ特有のものがあると考えます。

では、フルキャリはどのようなときに仕事でやりがいを感じるのでしょうか。

調査によると、最も多くのフルキャリがやりがいを感じると回答したのが「自分の成長を実感したとき」でした（56・8％）（図表3－21）。次いで多かったのが、「一緒に仕事をしている仲間から感謝されたとき」（51・2％）。さらに「自分の仕事に対する顧客の満足が得られたとき」（49・8％）、「責任ある仕事を任されたとき」（49・1％）と続きました。

フルキャリにおいては、仕事において自分自身の成長を実感できることに加え、仕事仲間や顧客から感謝されたり、信頼されたりすることが仕事のやりがいになっている様子が分かります。

この「どのようなときにやりがいを感じるのか」についての結果を、フルキャリ、ゆるキャリ、バリキャリ別に分析してみます。

すると、バリキャリと比べて、フルキャリのほうがやりがいを感じると回答した人の割合が高かったものは、「顧客に満足してもらえたとき」、「仕事仲間から感謝されたとき」、「責任ある仕事を任されているとき」、「チームが目標を達成できたとき」でした。これらの結果から、フルキャリは、特に、自分と比較的近い距離の周りの人から、感謝、評価、信頼を得る、つまり周囲に貢献できていると実感できることこそが仕事のやりがいにつな

図表3－21 「フルキャリ」女性が、仕事でやりがいを感じるとき（複数回答）

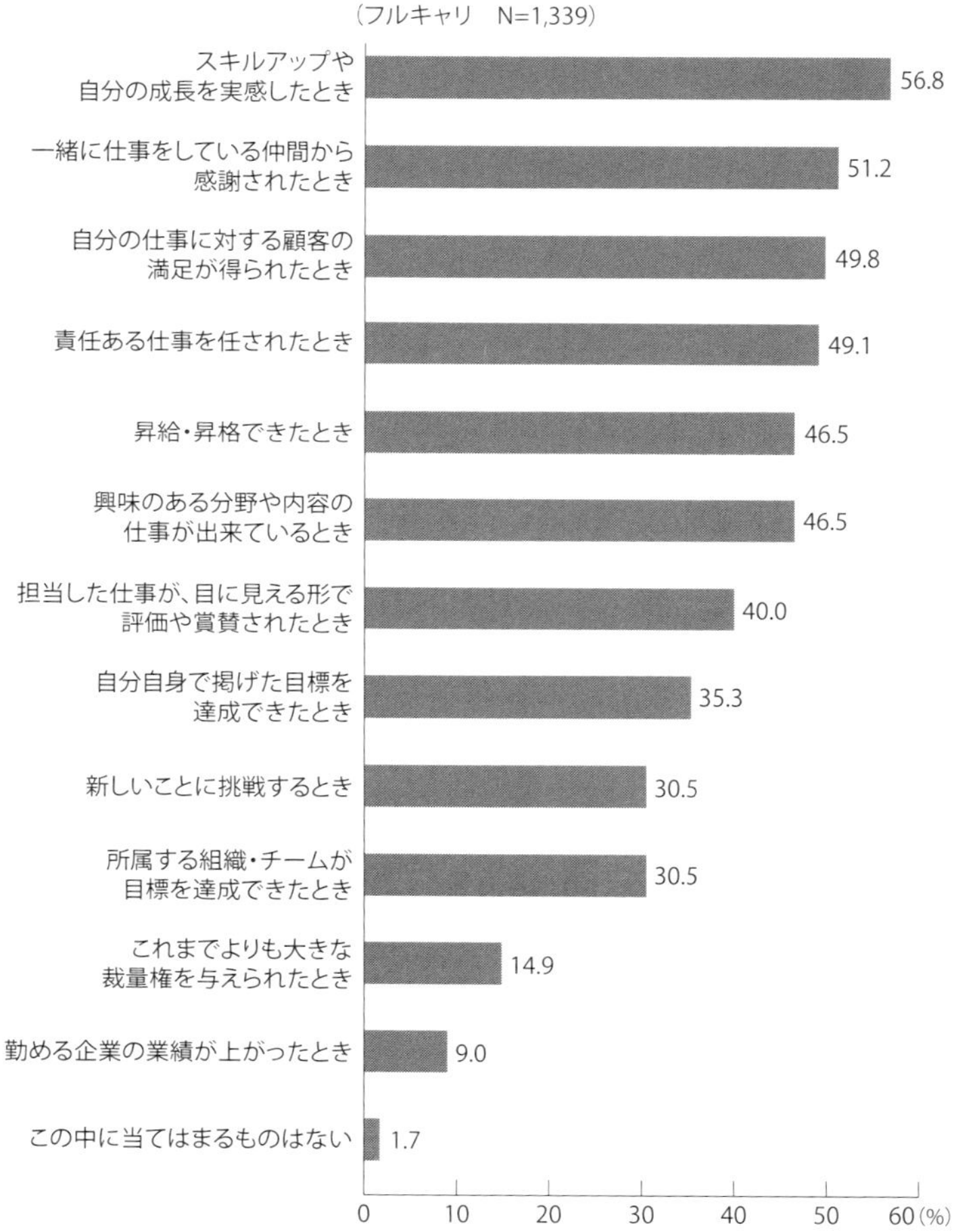

（出所）NRI「働く女性5,454人に聞く仕事とキャリアの本音調査（2018年）」

図表3－22　「フルキャリ」女性が、仕事でやりがいを感じるとき（「フルキャリ」以外との比較）

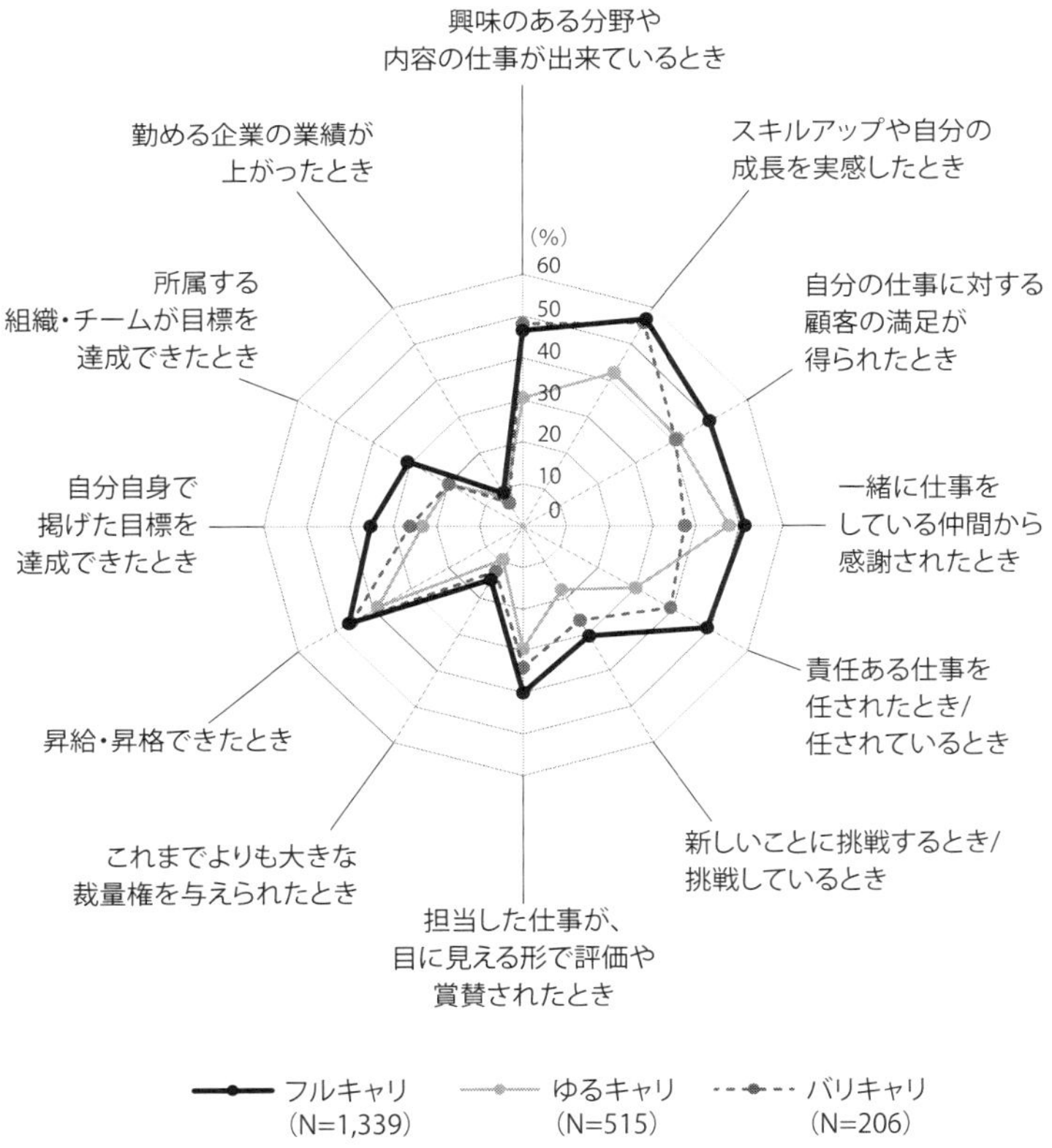

（出所）NRI「働く女性5,454人に聞く仕事とキャリアの本音調査（2018年）」

がっている様子がうかがえます。

フルキャリの特徴の1つとして、フルキャリは子どもを預けてまで働くからには、誰かに満足してもらえたり、役に立ったりしたい、企業や社会に貢献したいと考えていると説明しました。言い換えると、フルキャリがフルキャリのまま、仕事にも、家庭や子育てにも挑戦し続ける上で必要なのは、「子育てしながら働くことができること」ではなく、「子育てしながらでも、やりがいのある仕事に従事できること」になるのではないでしょうか。

そしてそのやりがいと密接な関係にあるのは「成長と貢献の実感」でした。やりがいを重視する動機こそフルキャリならではですが、やりがいを何で実感するのかは、フルキャリだからといって他者と大きく変わらないといえそうです。

コラム②

フルキャリの話をして、共働きの男性部下の活躍も引き出そう

共働き世帯の数が共働きではない世帯の数を上回る中、あなたの部下である男性社員の配偶者（妻）がフルキャリである可能性も高まっています。

フルキャリのパートナーであれば男性の部下であっても一定の子育てによる制約が生じていることが多いと思われます。その中でも、仕事に割けるリソースをフルに活用して、パフォーマンスを最大化できる環境があるのとないのとでは、あなたとチームが獲得できるその男性の部下のパフォーマンスには大きな差が生じるでしょう。

かといって、男性の部下のパートナー（妻）の方の人材育成に手を出したり、キャリアの相談に乗るわけにはいきません。

でも、明日からでもできることが1つあります。「フルキャリっていうのがあるらしいよ。おまえの奥さんはフルキャリ？」と部下に聞いてみることです。夫から見て妻がそうなのではないかと思えば、家に帰って、妻に「フルキャリっていうのがあるらしいよ」と話すかもしれません。

実は、筆者に寄せられた意見の中には、フルキャリ女性だけでなく、フルキャリ女性を妻に持つ男性からの意見も多数ありました。

「先日、妻にこういうことをいっている人がいると記事を見せてみたんです。そうしたら『私フルキャリなんだ。そうなんだよね、子育てもやりがいがあるし、いろいろやってみたいと思うんだけど、仕事は仕事で頑張りたいんだよね』とつぶやいて、妙に納得していました。自分の状況を客観的に捉えることができて、ほっとしたような印象でした」。

「前々から大変だったらいろいろサポートを得ればよいのではないかと思っていたけど、妻はそうではない様子。でも、バリキャリではないけど、フルキャリとして、どちらも頑張る上ではサポートを得てもいいかなと思い始めたようで、いざというときに病児保育サービスや家事代行サービスなんかを調べ始めたんです。今まで、そういうのはバリキャリのやるもの。自分のやることではないと思い込んでいたのではないかと思います」。

こうしたエピソードを多数聞いているうちに、パートナーの間で、妻は、自分は、フルキャリとして働いているということの共通認識ができると、解決できる問題があるのではないかと思うようになりました。

あなたの部下である男性社員とフルキャリについて話すことを通じて、間接的に男性の部下の世帯のサステナビリティを高めることができ、結果として、男性の部下のパフォーマンスを最大化できる環境を作り出す。あなたのチームのパフォーマンスの向上に直結します。挑戦してみる価値はあると思いませんか。

第4章

フルキャリの活躍を引き出すマネジメント

——キーワードは「期待」「共有」「機会付与」

●フルキャリの活躍を引き出すマネジメントの鍵は『3つの「き」』、すなわち「期待」と「共有」と「機会付与」だと考えます。

●人材を育成する上で当たり前に重要な『3つの「き」』が不足しがちなのが子育てしながら働くフルキャリなのです。

(1) フルキャリマネジメントの鍵は3つの「き」

◉フルキャリの力を最大化するマネジメントとは

第1章では、女性の部下の育成・活躍を促すことは、現在の管理職の多くにとって未経験、経験はあったとしても男性の部下のそれと比べれば大きく経験値に差があり、女性の部下の育成方法に悩みを抱えることは当然の結果であるということをお話しました。

第2章では、女性の部下の育成・活躍が難しい背景には、フルキャリという新しい価値観で働く女性が増えてきていることがあるという筆者の考えを説明しました。そして、パフォーマンスの伸びしろがまだまだ残るフルキャリのパフォーマンスを最大化することこそが、人材不足が常識となる今後の企業活動・マネジメントの鍵を握るとお話しました。

そして第3章では、フルキャリ本人に対して行ったアンケート調査の結果を用いて、フルキャリの実態や意識を明らかにし、フルキャリとはどのようなワーカーなのかについて概観してきました。

本章では、フルキャリの活躍を最大限に引き出すことに有効なマネジメントとはどのようなものなのかについて説明したいと思います。

筆者は、フルキャリの特性と現状を踏まえると、フルキャリの活躍を最大限に引き出すマネジメントの鍵は、「仕事での成長を期待する（期待）」、「仕事への意欲と取り巻く家庭の状況を共有する（共有）」、「成果につながる積極的な機会付与（機会付与）」だと考えています。「期待」、「共有」、「機会付与」のそれぞれの頭文字を取って、フルキャリの活躍を最大限に引き出すマネジメントに重要なのは『3つの「き」』だと考えています。

◉『3つの「き」』——①「期待」

ここでいう「期待」とは、「仕事での成長への期待」を指します。フルキャリである女性の部下が、仕事上で確実に成長し、成果を出して、チームや組織に貢献してくれることを、より一層期待していると伝えることが有効です。

「期待はしている」という管理職の方が多いことも承知しています。実際筆者が行ったアンケート調査の結果でも、「女性の部下にも期待をしている」と回答した人は88・1％に及びました。しかし、「期待されていないのではないか」と感じているフルキャリも60・0％に及びました。つまり、管理職が思っているほど、女性の部下は自らにかけられ

図表４－１　フルキャリの活躍を最大限に引き出すマネジメントに求められる『3つの「き」』

期待 “仕事”での成長・貢献を期待する	● 子どもが小さいから、復職直後だからといって、期待することを先送り・躊躇せず、フルキャリ本人が、仕事を通じて確実に成長し、成果をあげて組織に貢献することを期待する ● また、期待していることを伝え、本人にその自覚を持たせる
共有 仕事への意欲と取り巻く家庭の状況の共有	● 働き方で判断せず、「仕事やキャリアへの意欲の本音」と「働く本人を取り巻く家庭の状況」を本人に確認し、具体的に把握する
機会付与 成果につながる積極的な機会付与	● 成果を出せる環境が整ってから「機会付与」するのではなく、「機会付与」をすることで成果を出す環境を早期に作り出す

（出所）筆者作成

図表４－２　『3 つの「き」』によるフルキャリの活躍最大化

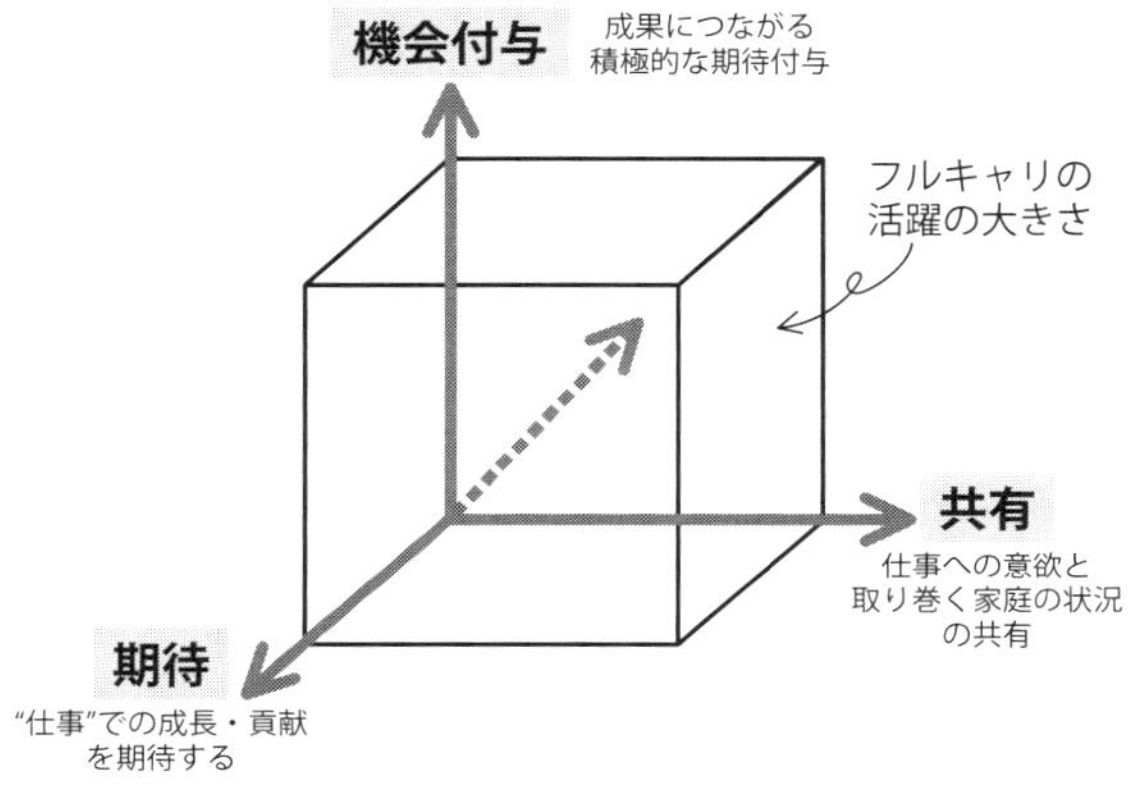

（出所）筆者作成

ている期待を自覚できていないのです。どちらが悪いということをいうつもりはありません。少なくともフルキャリの活躍を促す上で重要なのは、期待をすることだけでなく、その期待を本人に自覚させることに大きな意味があるということだと考えます。

また、昨年よりも今年といったように、日々、より大きな成長や成果を部下に期待することは当然のことです。子育てしながら働いている女性の部下であったとしても同じです。それは、子育てしているからといってより高いレベルを求めることを躊躇することは、フルキャリの「期待されていないのではないか」という不安に直結することがあります。事実として就労制約が生じているため、提示された〝期待の内容〟に〝期待されているスピード〟で応えることができない可能性はありますが、それをマネジャーが先回りして慮り、「期待すること」、「期待していることを伝えること」を先送りすることは控えるべきでしょう。

フルキャリを部下に持つマネジャーは、遠慮せずフルキャリ本人に「一メンバーとして、期待している」ことと、具体的な期待の内容を伝えるとよいでしょう。期待の実感こそが、少しでも早く与えられた期待に応えるためにはどうするべきかをフルキャリ自身が考えるエネルギーとなるからです。結果、フルキャリのパフォーマンスが引き上がるのです。

◉『3つの「き」』――②「共有」

2つ目の「き」は「共有」です。人材育成で必要とされる共有とは、一般的に、目標や成果、そして課題の共有、いわゆるPDCAサイクルを回す上での共有を指すことが多いのではないかと思います。フルキャリに対しても、目標や成果、そして課題を共有することが重要であることは間違いありません。ただし、フルキャリについては、その共有の効果を最大化する上で、その共有よりも前に、そして並行して行うべき重要な共有がありま す。「仕事やキャリアへの意欲の本音」と「働く本人を取り巻く家庭環境」についての共有です。

フルキャリに必要な共有の難しさは、前に紹介したようなアンコンシャス・バイアス(無意識の思い込み)の存在です。アンコンシャス・バイアスに対する対応策については専門書籍に譲りますが、アンコンシャス・バイアスが自分にあることを自覚するだけでも大きな効果があるといわれています。そこでアンコンシャス・バイアスに捕らわれないように意識した上で、フルキャリと「共有」を行うことが有効です。目の前のフルキャリが、現状はともかくとしてどのように仕事に向き合いたいと考えているのか、子どもやパートナーの現状、仕事と子育てを両立する上で得られるサポート、今後検討してみたいと考えているサポート、得ることが難しいサポートなどをできるだけ共有することが有効です。

ただし、「仕事やキャリアへの意欲の本音」について、最初から本人がすらすらと口にする可能性は低いと考えます。少なくとも第1子出産後の復職であれば、そもそも本人が自分の本音を明確にしてから復職してくるケースはまれだからです。走りながらどうしていきたいのかを考えていくことが多いのです。走るのに精いっぱいで考えることすら後回しになることも想像に難くありません。自分が何を大事にしたいのか、どのような葛藤があるのかがだんだんと分かってきたとしても、他人に伝えられるよう整理できるまでにはさらに時間が掛かるでしょう。大切なのは、本人がうまく伝えられないからといって仕事への意欲が低下していると早々に結論づけてしまわないことです。

「働く本人を取り巻く家庭環境」の共有も「そんなことを共有してよいのか」、「どこまで共有してよいのか」と思われるマネジャーの方も多いと思います。ただし、フルキャリ本人は家庭状況を上司と共有することに対してネガティブではありませんでした。加えて、共有したいと考える目的は、業務上の配慮をして欲しいというよりも、仕事をしやすくしたいという理由が多い結果となったこともすでにお伝えした通りです。

「仕事やキャリアへの意欲の本音」にしても、「働く本人を取り巻く家庭環境」にしても、フルキャリが自分は本当はどうしていきたいと考えているのか、上司に家庭の状況を伝えてどうしたいのか、それぞれを明確にしていく上でカギを握るのは、組織から、特に周囲、中でも直属の上司からの「期待」です。期待を実感、自覚することこそが、フルキャリに必要な「共有」を円滑に実現すると考えています。

◉『3つの「き」』――③「機会付与」

最後の「き」は、「機会付与」です。フルキャリが求めているのは、子育てしながらでもやりがいのある仕事に従事できる環境でした。都合がよいことをいっているということについてはフルキャリ本人が一番自覚しています。それでも周囲の期待に応えたい、周囲の期待に応えることこそがやりがいであるとするフルキャリの仕事に対するモチベーションを、働き方に制約があるからと一律に都合がよいで片付けてしまうのは、もったいないのではないでしょうか。

チームメンバーのやりがいを、チームの成果につなげることこそ、マネジャーの腕の見せ所ではないでしょうか。やりがいを実感するためには、成長や貢献を実感できる機会があってこそです。子育てしながら働く女性に対する機会付与は、減っている、少なくとも減っていると本人が感じてしまっている実態をご覧いただいてきました。成果を出せる環境が整ってから機会付与するのではなく、機会付与をすることで成果を出す環境を早期に作り出す、そんな発想が有効だと考えます。

◉人材育成上当たり前の『3つの「き」』が不足するフルキャリ

フルキャリの活躍を最大限に引き出すマネジメントに重要なのは3つの「き」、「期待」、「共有」、「機会付与」です。単語だけを見れば当たり前のようですが、それでもあえてこのキーワードになることにフルキャリの活躍を最大化するマネジメントの鍵があると考えます。それは、これまで女性、特に子育てしながら働く女性に対し、人材育成上当たり前の期待、共有、機会付与が自ずと敬遠されてきてしまった可能性が高いということを表しているからです。

だとすれば、人材育成上当たり前の「期待」と「共有」と「機会付与」を、女性だから、小さい子どもを抱えているからと遠慮や敬遠せずに、他の部下と同じように行えば、一定の成果は出ることになります。そうなると本書はここで終わりとなるのですが、第2章、第3章で紹介したフルキャリの特徴を踏まえた時、フルキャリの活躍を最大限に引き出す上で、より効果的な「期待」、「共有」、「機会付与」の考え方や手法があることが分かってきました。

そこで、そのフルキャリの特徴を踏まえたときにより有効だと考えられる考え方や方法を紹介したいと思います。

(2)【期待】女性の部下の「お父さん」にはならない

◉部下の幸せを必要以上に願わなくてよい？

あなたは、女性の部下のお父さんではありません。誤解を恐れずにいえば自分の娘などの身近な存在を重ねて、彼女の結婚生活や母親としての幸せについて、願ったとはしても、その幸せの実現責任を必要以上に感じる必要はありません。

一方、あなたは、あなたの女性の部下に対し、仕事においてパフォーマンスを可能な限り最大化する、そのために確実に成長させる責任があります。それは女性の部下のためでもありますが、あなたが今のポジションで、会社の成長のため、担当する部門の目標達成に向けて負っている通常の責任に他なりません。

女性の部下を目の前にしたとき、女性の部下の幸せは何かなどと「お父さん」の目線で考えてしまう。これは、結婚や妊娠・出産といったライフイベントを迎える女性の部下を目の前にしたとき、してしまいがちな公私混同の1つではないかと思っています。

本書で紹介してきたようにフルキャリである彼女たちが求めている上司は、自分の成長を期待してくれる上司です。責任を感じるのであれば、「お父さん」ではなく、「仕事上の上司」として、仕事を通じた部下の幸せを第1に願い、その幸せの実現責任を果たすという考えで、フルキャリの部下に接していくことが重要です。

◉同じ経験がないことはむしろアドバンテージ

働く女性、特に子育てしながら働く女性への理解について、「自分にも子どもがいるから分かる」、「自分の妻は専業主婦なので分からない」などと、自身の経験に基づき、自分の理解力を評価する人がいます。周囲が、「あいつは共働きだから分かる」、「あいつは奥さん専業主婦だからな」などと、誰かの理解力を評価することもよく見受けられます。筆者は、これほど意味のない人物評価はないと考えています。

フルキャリが求めているのは、人生経験を参考にしたい「人生の上司」ではなく、自分の成長を期待してくれる「仕事上の上司」、仕事上のアドバイスをしてくれる「仕事上の上司」だからです。ときとして、結婚や子育てなどのライフイベントにまつわる自身の人生経験は、思い込みを生み出します。その思い込みが、これまで本書で散々指摘してきたような、マネジャーとフルキャリ本人の認識ギャップを生み出す原因の1つなのです。

実は、マネジャーであるあなたが、よかれと思って自身の人生経験を持ち出してフルキャリと話をすると、フルキャリは自身の情報をより開示しにくくなるといったことがあることも知っておくとよいかもしれません。

Eさん（29歳、サービス業）

マネジャーが、他社で働く奥さんの話を度々持ち出すことがあります。最初は、『この世代には珍しく、自分の上司が共働き世帯だから理解があってよかった』と思ったこともあったのですが、やはりよその家庭のことはよそのこと。違うなと感じることがあっても、奥さんやマネジャーのことを否定するように聞こえてしまっては申し訳ないと思って、いつの間にか、自分自身のことを具体的に話さなくなってしまいました。

一方、自身の人生経験がフルキャリ本人と明らかに異なれば、今置かれている状況や考えていることを、本人に確認する必要に迫られます。結果、本人のリアルな状況を、率直に確認できるというアドバンテージにつながることさえあると考えています。

したがって筆者は、マネジャーであるあなたの環境（婚姻状況、配偶者の就労状況、子どもの有無、など）が部下の環境と異なって自身には同じ経験がないということは、フルキャリの活躍を促す上で足枷にならないと考えます。アドバンテージにさえなるのです。

(3) 【期待】 復帰当初より、「両立」と「成長」の二兎を追わせる

◉「子育てとの両立」と「仕事での成長」を同時にチャレンジ

これまで述べてきたようにフルキャリは、仕事も、家事や子育てなどのプライベートもどちらも前向きに取り組みたいと考えています。そして、仕事と家事・子育てのどちらか一方でも達成感や充実感が著しく低下すると、他方への取り組み意欲に影響を及ぼし、結果としてその他方のほうの達成感や充実感も感じにくくなります。その状況に直面したフルキャリの心境は、想像に難くありません。「両立の壁」の高さは、実際の高さよりも一

層高く感じているでしょう。

したがって、育休から復職した女性の部下に対し、「仕事での成長、活躍は落ち着いてからでよい。まずは、子育てと仕事が両立できるように頑張って」というような、家庭と仕事の両立を目指す「子育てとの両立」が最初で、それが実現できてから、仕事での成長、活躍を目指す「仕事での成長」に移行するという考えは、必ずしもフルキャリの活躍を促す上では適していません。どちらも頑張りたいと考えるフルキャリにとっては、どちらか一方だけが充実することとは、理想からはほど遠い状態だからです。

筆者は、「子育てとの両立」と「仕事での成長」を同時並行でチャレンジさせることこそ、フルキャリの活躍を促すポイントだと考えます。もちろん、家族や子どもの状況によって、「子育てとの両立」と「仕事での成長」の比重の取り方は、個人によって、また同じ人の中でも時期によって変動していくでしょう。大事なのは、どちらかに注力すべきだという二者択一的な考え方ではなく、可能な限り、「子育てとの両立」と「仕事での成長」の双方においてチャレンジさせるという考えです。そして、この考えのもと、双方のチャレンジのために、会社として、マネジャーとして、どのような支援ができるかを考えることが重要だと考えます。

「子育てとの両立」と「仕事での成長」の双方でチャレンジさせることは、本人にも相当の覚悟と努力が必要なのはもちろんのこと、会社・マネジャーにとってもサポートに掛かる負担は小さくありません。それでも、「仕事での成長」における達成感や充実感が、「子育てとの両立」におけるチャレンジの原動力になるという相乗効果があることに着目すべきです。

「子育てとの両立」が一段落してから「仕事での成長」に挑むようなステップ論で考えると、本人にとっても会社にとっても「一体いつになったら終わるの」というような長い月日を要します。一時的な負担が大きくなったとしても、「子育てとの両立」と「仕事での成長」の双方におけるチャレンジを同時にサポートする方法のほうが会社としてサポートする負担の総量は小さくなると筆者は考えます。サポートに掛かる負担の量だけでなく、仕事の成果として会社が獲得するリターンについても、より早くから、そしてより長く、回収することができるはずです。投資対効果は、「子育てとの両立」と「仕事での成長」の双方でチャレンジさせることのほうが大きいと考えられるでしょう。

フルキャリ本人にとっても同じです。「子育てとの両立」と「仕事での成長」双方におけるチャレンジには本人の覚悟と努力が必要不可欠ですが、それに掛かる本人の負担も相当であることは間違いありません。それでも、「まずは両立。落ち着いたら仕事にもチャレンジ」だけが正解ではないこと、仕事にチャレンジすることが仕事と子育ての両立を実現する原動力になることがあるという考えを知っておくことは有効でしょう。

◉「期待」を伝えることは明日からでもできる

また、フルキャリである部下に対し、会社やマネジャーが「大変だが、今こそ頑張りどきである」、「双方におけるチャレンジを応援したい」というメッセージを発信し、本人に届けることは、自分は中長期的な話から縁遠くなってしまったと肩を落とすフルキャリの自分の仕事への意欲を再認識させる機会につながります。

Fさん（35歳、金融業）

復職してから1年半が経とうとしていた頃、まだまだ仕事と子育てを「両立」させることに精一杯でした。正直、「仕事をしている」というよりも、「就労し続けている」という感じでした。そういう意味では仕事と子育ての両立ではなく、就労と子育ての両立止まりだったと思います。

そんなとき、半年前に代わった新しい上司に、「この1年間でどのくらい成長したと思うか」と聞かれました。加えて「周囲と比べて、成長が止まっているのではないか。どうしたいと思っているのか」と聞かれました。最初は、「できる限り精一杯やっているつもり。ただ現状で『成長』といわれても……」と思いました。同時に「悔しい」という感情が溢れました。その感情を自ら感じて、仕事でもちゃんと成長して、貢献していきたいと思っている自分に気が付かされたんです。同時に、「こんなにバタバタしている私でも、会社から成長と貢献を求めてもらえるんだ」と気付き、もう1歩踏み込んで、ちゃんと「仕事」をしたいと思いました。

あのとき、上司に「成長できているか?」と問われなければ、今でも就労と子育ての両立で満足してしまっていたのではないかと思います。上司にはとても感謝しています。


フルキャリの活躍を促すのであれば、遠慮せず、フルキャリに「子育てとの両立」と「仕事での成長」の二兎を追わせることが有効です。

直属の上司から定期的に「期待」を提示されることで、仕事も子育てもと望むがゆえに自身でさえ忘れがち、後回しにしがちな仕事への意欲を定期的に思い出し、意欲を維持したり、意欲をより高めたりすることが可能になります。女性がキャリアを積む上で課題とされてきた、子育てしながら働く女性のロールモデルがないまたは少ない、支援体制が脆弱であるといったことは一朝一夕に改善できません。しかし、「期待」をはっきりと伝えることは明日からでもできると思いませんか。

(4) 【確認】 復職直後の働き方だけで仕事への意欲を判断しない

◉短時間勤務＝仕事への意欲低下、ではない

フルキャリであっても、育休から復職した直後は、「短時間勤務」や「残業なしの定時帰宅」といった働く時間をセーブするような働き方を希望する人も少なくありません。その理由は、「パートナーの働き方を考えると、自分が働く時間をセーブせざるを得なかった」、「これまでと同じ働き方は難しいだろうと思った」、「子どもが小さいうちは子育てにも時間を掛けたかった（掛けるべきだと思った）」と様々です。また、復職してからも、子どもの体調不良による急な休みや早退が続くこともあるでしょう。

これまで、「短時間勤務」をする女性社員は、その事実だけで半人前のラベルを貼られ

てきました。マネジメントや周囲の同僚の立場からすれば、それも仕方がないことは理解できます。実際、半人分かどうか分かりませんが、労働時間でいえば1人前未満なのですから。

問題なのは、労働時間を短くすることを選んだという事実だけで、本人の仕事への興味関心・意欲の度合いが下がったと判断されてしまい、真の本人の仕事への興味関心・意欲の度合いを確認する機会が失われてしまうことです。そして、その思い込みによる判断に基づいて、その後の機会付与等が行われてしまう（多くは機会付与がされにくくなってしまう）ことです。もちろん、子どもができたことをきっかけに、仕事に対する価値観や優先順位が変わり、仕事への興味関心・意欲が低下したため、働く時間を短くする人もいるでしょう。ただし、前述のアンケート結果やインタビュー結果でご紹介したように、必ずしもそういう人ばかりではないのがフルキャリです。

◉復職時の「負のスパイラル」と「正のスパイラル」

次の図は、育休から復職した2人のフルキャリのストーリーを図に表したものです。

Aさんは、育休を取得する前と比べて退社時間が早まったり、急な休みや早退があった

図表4－3　復職時の「負のスパイラル」と「正のスパイラル」

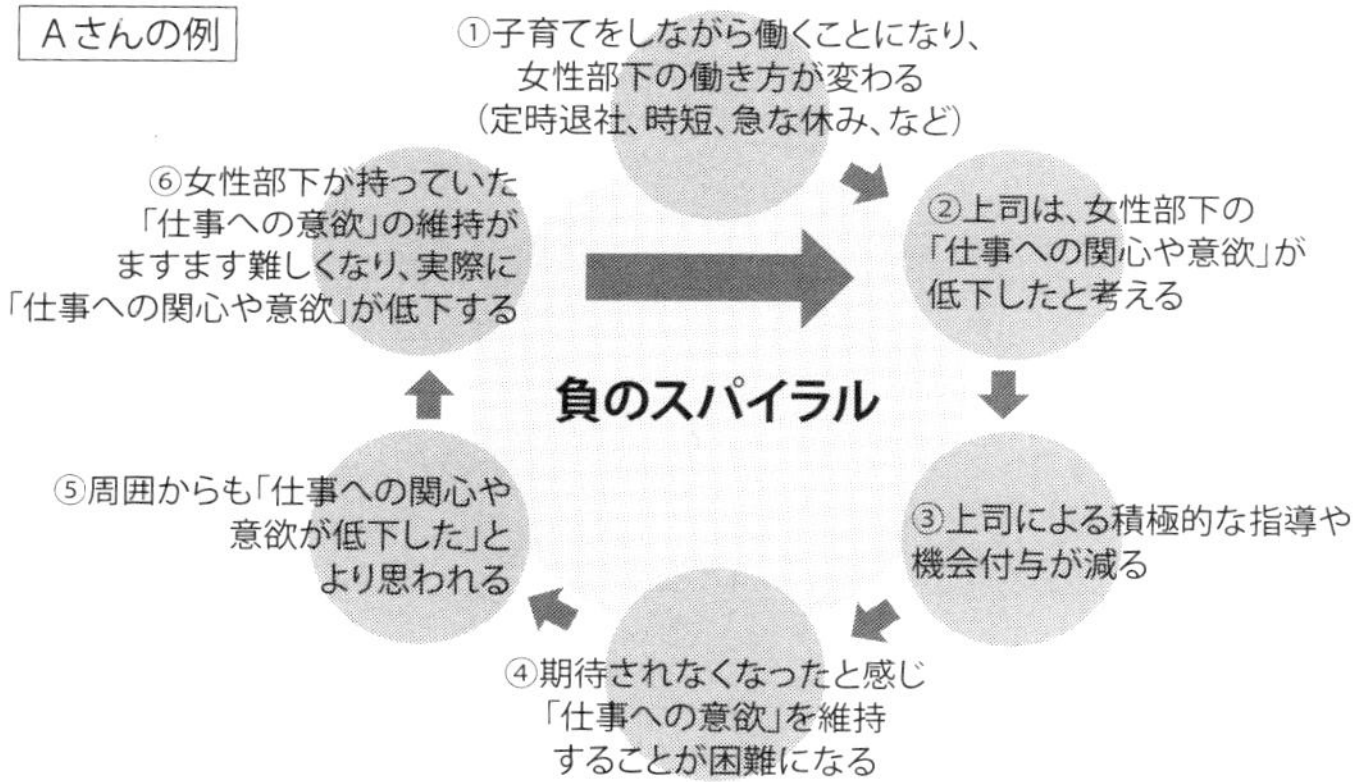
Aさんの例
①子育てをしながら働くことになり、
女性部下の働き方が変わる
（定時退社、時短、急な休み、など）
②上司は、女性部下の
「仕事への関心や意欲」が
低下したと考える
③上司による積極的な指導や
機会付与が減る
④期待されなくなったと感じ
「仕事への意欲」を維持
することが困難になる
⑤周囲からも「仕事への関心や
意欲が低下した」と
より思われる
⑥女性部下が持っていた
「仕事への意欲」の維持が
ますます難しくなり、実際に
「仕事への関心や意欲」が低下する
負のスパイラル

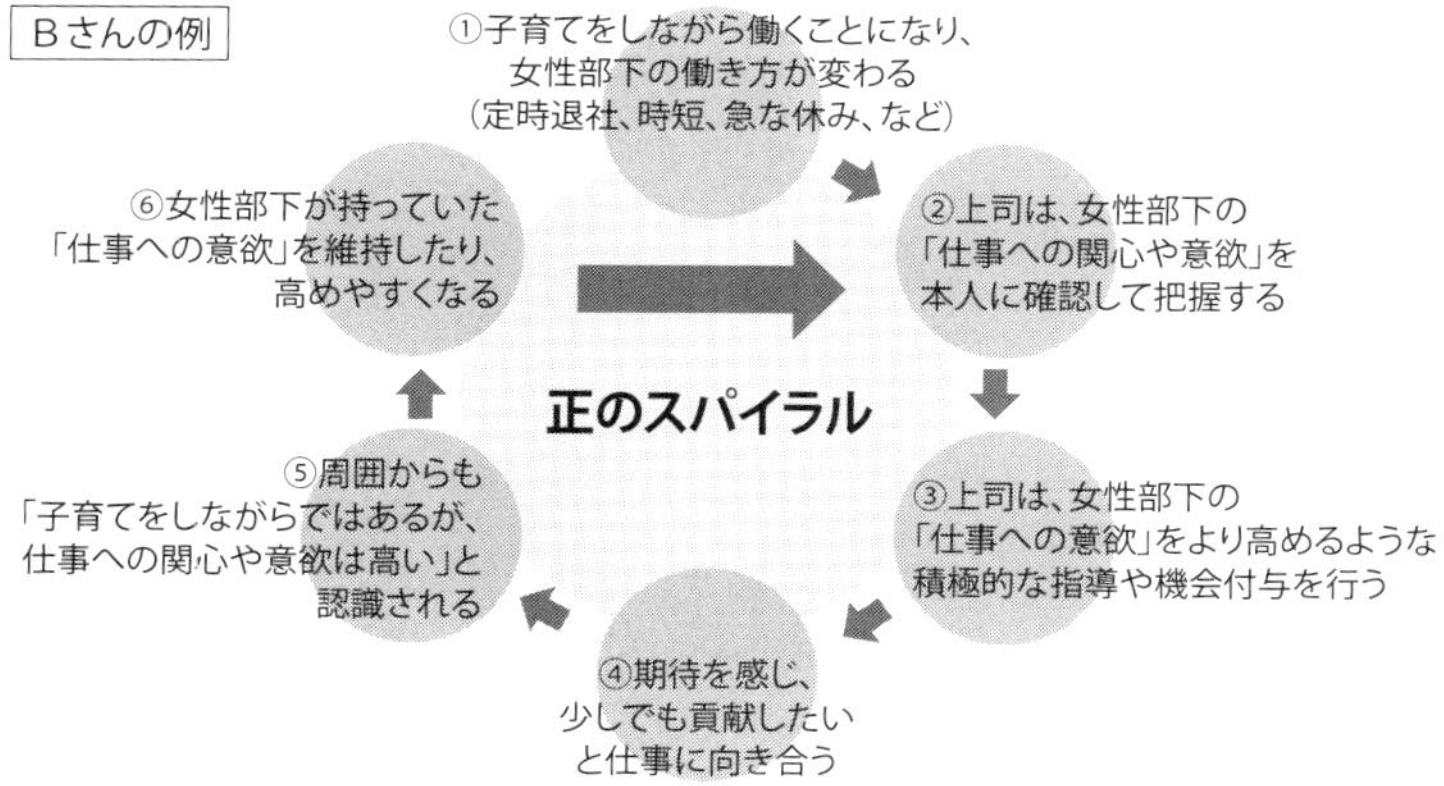
Bさんの例
①子育てをしながら働くことになり、
女性部下の働き方が変わる
（定時退社、時短、急な休み、など）
②上司は、女性部下の
「仕事への関心や意欲」を
本人に確認して把握する
③上司は、女性部下の
「仕事への意欲」をより高めるような
積極的な指導や機会付与を行う
④期待を感じ、
少しでも貢献したい
と仕事に向き合う
⑤周囲からも
「子育てをしながらではあるが、
仕事への関心や意欲は高い」と
認識される
⑥女性部下が持っていた
「仕事への意欲」を維持したり、
高めやすくなる
正のスパイラル

※仮に確認した結果、「仕事への関心や意欲」が低下していた場合も、少しでも高める指導や機会付与を行う

（出所）筆者作成

りするなど、復職直後の働き方が子どもを持つ前の働き方と変わっています（①）。そのことを受けて、Aさんの上司はAさんの仕事への意欲は低下している、もしくは今は子育てが最優先であると考えているだろうと考えました（②）。そして、Aさんの上司は、積極的にAさんに仕事のアサインをしたり、成長につながる機会を与えたりすることも躊躇しがちになりました（③）。

結果、Aさんは「期待されなくなってしまった」と感じ、当初は持ち合わせていた「仕事への意欲」を維持することが難しくなります（④）。そうしたAさんの姿を見て、職場の周囲の人もAさんは「そういう働き方をする人だ」という見方を強めます（⑤）。Aさんは、仕事への意欲を自分で維持することがますます困難になり、実際に仕事への意欲を低下させます（⑥）。そしてそれを見たAさんの上司は「やっぱりAさんは意欲が低下している」という思いを強めます（②）。

一方のBさんは、Aさん同様、育休を取得する前と比べて退社時間が早まったり、急な休みや早退があるなど、復職直後の働き方が以前と変わっています（①）。しかし、復職直後の働き方が以前と変わったことと、仕事への意欲は必ずしも連動しないことを前提に、Bさんの上司はBさんの仕事への意欲や考えを確認・共有しようと試みます（②）。フルキャリであるBさんは高い仕事への意欲を持っていたため、言葉を選びながらもBさんの上司に伝えました。Bさんの上司もBさんの意欲を自分の耳で確認できたことで、できるだけBさんがチームに貢献できる環境を作ったり、成果を実感できる機会を提供できるよう心掛けました（③）。そうした上司の期待を受けて、Bさんは「今、このような働き方であるのに期待してもらっている」と感じ、少しでも周囲に貢献したいと考えて仕事に向き合います（④）。そんなBさんを見て、周囲もBさんが制約がある中でも積極的に仕事をしようとしていることを認識します（⑤）。

結果、Bさんは、浮き沈みはありながらも仕事の意欲をなんとか維持、自覚し続けることができました（⑥）。そして、Bさんの上司は、引き続きBさんの意欲や現状を確認しながら（②）、Bさんへの期待を説明し、仕事を任せていきます（③）。

AさんのケースとBさんのケースのどちらが、チームや会社として本人のパフォーマンス獲得に成功しているかは明らかでしょう。

Aさんのストーリーはフルキャリ復職時の「負のスパイラル」、Bさんのストーリーは、フルキャリ復職時の「正のスパイラル」ともいえます。Bさんの正のスパイラルのように、マネジャーが、復職直後のフルキャリの仕事の意欲を確認・共有する機会を設けるかどうかで、フルキャリ本人と、周囲と、チームの未来が変わることがあるのです。

◉復職後の上司のアクションが、フルキャリとチームの未来を変える

上司がフルキャリである女性の部下の「働き方の変化」で仕事への関心や意欲を判断してしまわず、実際に本人と確認するステップを踏むかどうかが、スパイラルの鍵を握っています。もちろんマネジャーだけのアクションでスパイラルが回るわけではありません。それでも、これまで示してきたアンケート結果やインタビュー結果を踏まえれば、直属の上司のそうしたアクションは、前述の「期待」の実感にもつながり、この後説明する機会付与が不足していくことの防止にもつながるものと考えます。

復職直後のフルキャリの仕事の意欲を確認・共有する機会を設ける上で、注意すべき点があります。復職直後の働き方が以前と変わったことと、仕事への意欲は必ずしも連動しなくてよいという前提を、マネジャーとフルキャリの双方で理解しておくことです。また、仕事の意欲の確認・共有は、一度ですべて行えると考えず、少しずつ本音を語らせていくことが重要になるでしょう。手間が掛かると思われるかもしれませんが、最初の歯車がうまくかみ合わなかったことで、Aさんのように、実際に仕事の意欲が低下した部下をマネ

ジメントすることの労力を考えれば、どちらの手間を掛けるべきかは明白ではないでしょうか。

Gさん（34歳、出版業）

子どもが1歳になってすぐの復帰で、まだ母乳も飲んでいたので、保育園は延長保育を使わずに通常保育の範囲（18時30分まで）でお迎えに行きたいと考えていました。そうすると17時半には退社しなければなりませんでした。総合職で毎日17時半に退社する人はいなかったので、短時間勤務の制度を使うことにしました。

勤務時間は子どもを産む前よりも短くなったのですが、仕事は仕事で可能な範囲で頑張っていきたいと考えていました。やりがいのある仕事だからこそ復職したんです。ただ、誰よりも早く帰るという中で、「仕事は仕事で頑張りたいです」ということがこれほどまでにいいにくくなるというのは、想像していませんでした。頑張りたいといってできなかったらどうしようという不安もありましたが、どちらかというと、こうした働き方を認めてもらっていることで満足しなければいけない、仕事面で希望を伝えることなんてわがままなんじゃないかという気持ちが強かったと思います。

もしも、「その目標を達成するためにはもう少し働く時間を長くできるか」と問われたとき、母親として子どもの生活リズムも大事にしたかったので「はい、そうします」といえない。だったら、もう少し子どもが大きくなって、会社にいられる時間が長くできるようになるまでは、自分から仕事上の希望を発信することは控えておこうと思っていました。

フルキャリの復職時の仕事への興味関心・意欲は、決して低くなっていません。労働時間の短縮や急な休み・早退の発生といった働き方の変化と、仕事への興味関心・意欲は必ずしも連動していないことを前提に、「仕事への興味関心・意欲」について直接確認する作業を省略しないことが重要です。

(5)【確認】「分からない」から始める、共有コミュニケーション

◉フルキャリの育成方法は確立途上

一般的な部下の育成手法については、長年にわたって蓄積された事例があり、それらを

もとに検証され、その有効性が裏付けされているような様々な手法が存在しています。また、皆さんが今日に至るまでの過程で、これまで多くの上司の様々なやり方を実際に見てきて、よいところも悪いところも参考にして、ご自身なりの育成方針や育成方法を確立してこられたと思います。それは、部下の育成に自信があるとした人が7割に及んだことからも明らかでした。

マネジャーにはいうまでもなく管理能力が求められていると思います。部下の現状や課題に対し、的確なアドバイスができることが管理能力の1つであるとすれば、フルキャリの部下を目の前にして「どのように育成していくべきか自身も悩んでいる」なんていいにくいのかもしれません。ただし、フルキャリが現場に増えてきたのは極めて最近のことです。したがって、フルキャリの育成方法は確立されていません。実際に、現場でフルキャリを育成させてきた上司を見たことのある人はかなり少ないと思われます。あったとしても、そのフルキャリがその後どのような活躍を遂げたかまで検証できている例はほぼないでしょう。

筆者は、このような状況の中で、現時点では、フルキャリ部下のマネジメントにおいては「マネジャーにも分からない」ということを前提とすることが重要だと考えます。「分からない」という前提のもとで、部下とマネジャーとでコミュニケーションを重ね、互いに最適な解を見つけることが有効です。「分からない」を前提にしたコミュニケーションの中から最適な解を見つけるプロセスを踏むことこそが、フルキャリ部下のパフォーマンスを最大化する上で必要な管理能力なのだと考えているのです。

◉まず伝えたいのは「分からないから、教えて」

フルキャリへのインタビューでは、部下の側からは「自分から自分の状況を具体的に話すことには躊躇した」「上司から、君の置かれている状態が全く分からないので教えてくれない？　こういうふうに頑張って欲しいがそうさせるのが本当によいのかどうか悩んでいるといわれ、自分を成長させようといろいろ考えてくれているんだと分かって嬉しかった」という声があり、マネジャーの側からは「部下が何に困っているのかを話してくれたことで、話すきっかけとなり助かった」という声が聞かれました。分からないことは分からない、これでよいのか分からないと伝え、一緒に確認していくようなコミュニケーションスタイルが、フルキャリの本音や現状を語らせる上でも有効なのです。

分からないことの代表選手は家庭の状況でしょう。これまで、上司が部下の家庭の状況を具体的に聞くことは、オフィシャルにはあまりなかったのかもしれません。今でも、本人が望まなければ、家庭の状況にまで踏み込むのは避けるべきであることは間違いありません。

しかしながら、フルキャリにおいては、多くが、仕事と子育てを両立していく上では、自身の子育てに関連する家庭の状況を上司と定期的に共有することをネガティブには捉えていませんでした。仕事でも成長を感じ、成果を出したいとするフルキャリは、家庭の状況を共有しながら業務を遂行したり、将来のキャリアを相談していくことが自分にとってもメリットがあることだと感じていることがうかがえたのです。

「思い切って仕事を任せる」上でも、どの程度のことまでであれば対応可能な状況かを確認しておくことは重要です。本人に意欲や準備があるかどうか、たとえば、いざというときは半日の準備期間があれば実母に子どもを頼むことができる、1週間前であれば夫が仕事の予定を調整できる可能性が高い、自治体の病児保育に登録はしてあるので空きがあれば利用できる、などを確認しておくことができていれば、ここぞという時に思い切って仕事を任せる相談を持ちかけやすくなるのではないでしょうか。

◉先行企業が用いるチェックリストを参考に

とはいっても、いきなり家庭の状況についてコミュニケーションをとろうとするには勇気がいるでしょう。

参考に、サントリーホールディングスで使用されているという上司と部下の家庭状況等把握度合いチェックリストを紹介します（図表4－4）。これは、同社が「より活躍するための両立支援」に焦点を当てて展開した施策の1つで、業務やキャリアに必要な家庭の状況等の共有を促すために導入した方法です。上司と育休から復職する部下で、業務を進める／マネジメントする上で共有しておくことが重要となる内容をチェックシートにまとめ、その内容について面談時に可能な範囲で共有することを推奨しています。

「会社としてこうした共有を推奨するという大義名分があればやりやすいが、個人的に確認するとなると気が引ける」と思われる方も多いかと思います。残念ながら、サントリーホールディングスのように、会社として家庭の状況も含めて上司と部下で共有することを推奨する企業は少ないのが現実です。

しかしながら、サントリーホールディングスのチェックリストの各項目を見て見ると、本人にとっては聞かれればそれほど回答しにくい内容ではないものも含まれています。例

図表4－4　サントリーホールディングスの家庭の状況等チェックリスト

メンバーの理解度チェックリスト

◆ Yesの合計数を記入してください。

／17問中

あなたは、子育てをしながら働くメンバーのことをどこまで把握していますか？
チェックリストに沿って確認してみましょう！

①	育児のサポート体制を把握している。（例：家族構成・子の年代・両親のサポート体制・シッター利用など）	（Yes ／ No）
②	パートナーとの家事の分担内容について知っている。	（Yes ／ No）
③	パートナーの状況（職業、就業スタイル、実家先、夫や妻が働くことへの理解など）を知っている。	（Yes ／ No）
④	保育所で預かってもらえる限界時間（何時から何時まで）を知っている。	（Yes ／ No）
⑤	保育所の場所や家との距離など、預けるのにどのくらい時間がかかるのかを知っている。	（Yes ／ No）
⑥	保育園の送迎担当がどうなっているかを知っている。（例：朝は夫、迎えは妻など）	（Yes ／ No）
⑦	緊急時（例：急な残業、子供の病気時）のサポート体制がどうなっているかを知っている。	（Yes ／ No）
⑧	子供の健康状況（例：持病やアレルギーの有無）などを把握している。	（Yes ／ No）
⑨	出張や残業の可否について、メンバーとすり合わせしている。	（Yes ／ No）
⑩	⑨がYesの場合、実際出張する際はどうなるか、具体的なサポート体制について確認している。	（Yes ／ No）
⑪	メンバーの働き方の希望について把握している。（例：理想のスタイルについて（本当はどうしたいか）、今&数年後について（どのようなキャリアのステップを踏むか））	（Yes ／ No）
⑫	次の子の希望やその時期について、本人の希望を知っている。	（Yes ／ No）
⑬	（短時間勤務者をメンバーにもつ方）短時間勤務をいつまで継続するかをメンバーとすり合わせている。	（Yes ／ No）
⑭	メンバーが在宅勤務をする際、開始時刻・終了時刻、本日行う業務の予定と結果、在宅勤務を行う環境などをその都度確認している。	（Yes ／ No）
⑮	自己啓発について、具体的な目標・スケジュールを確認し、よりスキルアップするための後押しをしている。	（Yes ／ No）
⑯	時間あたりの労働生産性向上を意識させ、適時チェックやアドバイスをしている。（フルタイム・短時間勤務者に限らず）	（Yes ／ No）
⑰	メンバーにこの部署でのミッション、期待することを明確に伝えている。	（Yes ／ No）

「こんなことまで？」と思うかもしれませんが、ここまでの共有があってこそ、安心して業務が進められます。Noだった項目については改めてメンバーと話し、状況を把握するとともに、適切なアドバイス・サポートをお願いいたします。

（出所）サントリーホールディングス株式会社

えば、「④保育所での預かり時間」、「⑤保育所と家との距離」、「⑥保育園の送迎分担の状況」、「⑦緊急時のサポート体制」などです。

現在、サントリーホールディングスでは、子育て中のメンバーを持つ上司に向けたアナウンスの中で、このチェックリストを公開し、各内容の把握を推奨しているとのことです。すでに、運用して数年が経っていることもあり、実際に復職する部下とのコミュニケーションの中でシートを活用した経験のある管理職が増えてきたり、自分は経験していなくても経験したことのある管理職の話を聞く機会があったり、経験した女性本人が身近にいたりして、家庭状況等を把握することへの理解が進んでいるということでした。しかしながら、運用当初は、管理職から、「ここまで細かいことを聞く必要があるのか」、「パワハラ・セクハラに該当しないか」といった質問や意見があったそうです。

それでも、サントリーホールディングスとしては、「きめ細やかなマネジメントを行うためには、仕事以外のことであっても本人を取り巻く状況を把握することが必要である。子育てに関するこれらの項目についても本人とのコミュニケーションの中で極力確認した上でマネジメントを行って欲しい」、「確認と共有が、本人が活き活きと働き、成果を発揮するために必要なことであることを本人にも丁寧に伝えて欲しい」と管理職に説明してきたとのことです。

聞かれた本人たちからも、「最初は、ここまで上司に伝える必要があるのかと思ったが、状況を正直に共有したことで、その後の状況や気持ちの変化を上司に伝えやすくなった」、「出来ないこともあるが、出来ることや今後やってみたいことがあることも伝えられたことで、子どもの体調不良などで『今は出来ない』ということを早めに言いやすくなった」、

『この日は出張ができるか』といった打診を早めにしてくれるようになり、家庭内で調整する時間が確保できて、対応できる仕事が増えた」など、ポジティブな反応があったといいます。

誤解を恐れずにいえば、女性の部下、特にライフイベントを迎えながら働く女性を取り巻く状況や直面している課題は多種多様であり、現在の多くの上司にとっては自分と異なる環境で仕事をしていることは明らかです。ですから、それぞれが置かれている状況や持っている考えを本人に確認することは、フルキャリ部下をマネジメントする上ではスタート地点に立つことでもあるのだと思っています。

ちなみに、サントリーホールディングスのチェックシートの後半にはこのような確認項目が並んでいます。

⑮ 自己啓発について、具体的な目標・スケジュールを確認し、よりスキルアップするための後押しをしている。
⑯ 時間あたりの労働生産性向上を意識させ、適時チェックやアドバイスをしている。

（フルタイム・短時間勤務者に限らず）

⑰　メンバーにこの部署でのミッション、期待することを明確に伝えている。

復職者（つまり子育て中の女性の部下）であっても、メンバーに部署としての期待を伝えた上で、業務成果への意識付けと日々の確認、確実な成長・スキルアップへの期待と後押しを行うことを管理職に求めていることが分かります。

当たり前のような内容とも取れる推奨事項ですが、あえて明記されているのは、育休から復帰したり、短時間勤務という働き方をすることの多い子育て中の女性の部下に対し、躊躇してしまったり、意識せずとも行われなくなってしまう「本来は当たり前のマネジメント」があるということを示唆していると筆者は考えます。

(6)　【機会付与】　就労制約があっても働くやりがいを醸成する機会付与を

◉子育て中でも「やりがい」を実感できる環境づくりを

本書では、フルキャリが求めているのは、必ずしも「子育てしながら働くことができる環境」ではなく、「子育てしながらでも、やりがいのある仕事に従事できる環境」であることを紹介してきました。やりがいを実感しながら働けることが、子育てと仕事の両立に掛かる決して小さくはない負担を乗り越えるエネルギーになることについても説明してきました。さらに、フルキャリが重視するやりがいとは、自身の成長と身近な人への貢献を実感できることであることも紹介しました。

つまり、やりがいを実感できる環境を提供し続けることができれば、フルキャリが持つ仕事に対する高い意識が業務上の成果に変容し、本人のパフォーマンスを最大化できる可能性が高まるのです。

◉日々のフィードバックと中長期のキャリア相談がフルキャリの「やりがい」を高める

では、管理職としてどのように、フルキャリがやりがいを感じ続けられる環境をつくることができるか。

1つ目は、フルキャリ特有のやりがいにつながる日々の働き掛けを遠慮なく行うことだと考えます。

まず、フルキャリが「して欲しいがされることが少ない」と感じていることが多い「日頃の仕事ぶりに対するこまめなフィードバック」を意識的に行うことは効果的でしょう。限られた就業時間中、話し掛ける隙もないような状態で忙しそうにしていても、臆することなく働き掛けることが有効です。仕事での成果や次の目標を実感できる機会を設けることは、短期的には業務時間を減らしますが、中期的にみて本人の生産性を上げます。

そして、男性マネジャーが意識的に避けてしまっている働き掛けのうち、多くのフルキャリが求めている「中長期的なキャリア形成についてのコミュニケーション」は積極的に行うべきと考えてよいでしょう。上司として相手の中長期的なキャリアについてしっかり考えていることを伝えることは、本人への「長い目で期待している」というメッセージとなります。結果、「期待に応えたい」というフルキャリ特有のモチベーションに火が付き、パフォーマンスが最大化される可能性が高まります。遠慮は不要です。

◉思い切って仕事を任せてみる

そして2つ目に、思い切ってフルキャリに仕事を任せることが有効です。

そうはいっても急に休まれたら、仕事が終わらないのに途中で帰られたら困ると思う方もいるでしょう。もしあなたがそう思うようであれば、本書を通じて少しでもフルキャリを理解いただこうとした筆者の努力が十分でなかったということかもしれません。「急に休んで職場に迷惑を掛けること」、「退社時間が決まっていることで、職場に迷惑を掛けること」を最も不本意に感じているのはフルキャリなのです。

子育てしながら働く女性であっても、パートナーや実家などの家族のサポートを得たり、民間や自治体のサービスを利用して、いざというときは欠勤せずにやりくりしたり、週に数日はいつもよりも制約なく働ける環境を実現できる人もいます。子育てをするフルキャリには、できればそうした対応をして、仕事の責任を果たしたいと考える人も多いのです。

思い切ってフルキャリに仕事を任せるといっても、一か八か任せろといっているのではありません。緊急性の度合によっては、対応可能な業務があることを前提に、どこまで対応可能な環境と意思があるかを本人と確認することが重要です。つまり、仕事を任せる上でも「家庭の状況の共有」が重要になるのです。

(7) フルキャリのマネジメント経験は、あなたの誇れる実績となる

そもそも、男女や既婚未婚に限らず、これだけ働き方改革が叫ばれる中、以前のように

「今日中」、「徹夜で」といった時間感覚でスケジューリングされた業務があることは、不適切なマネジメントだと判断される時代です。いざという時に制約なく対応してくれる部下を頼りにするマネジメントは新しい時代にはふさわしくないのです。

これからは、各々のメンバーが対応可能な状況を逐次把握し、業務を滞りなく回すマネジメントが実行できるかどうかが、マネジャーの最大の責務となるでしょう。

働く女性が増えてきたといっても、まだまだ直属の部下に女性、ましてや子育てしながら働く女性の部下がいる管理職はごく一部です。あなたがフルキャリを部下に持ったことで取り組まざるを得なかったコミュニケーション・マネジメント経験は、次の時代のマネジャーとして、あなたが誇れる経験・実績になるでしょう。

コラム③

フルキャリの脳内作業台の稼働状況は確認しなければ分からない

バリキャリが「ワーク」と「ライフ」を比較的切り離して考えられる（もしくは考えられるような環境を整えている）のに対し、フルキャリは日々ワークとライフが、物理的にも、精神的にも混在しています。自分が持つ有限の資源（時間や体力など）の使い方、配分はこれでよいのかと常に自問し、そのバランスの変化に一喜一憂しながら過ごしています。これは公私混同とは異なります。ライフと切り離してワークを考えていないからといって、決してライフが重視され、ワークが軽視されているわけではないのがフルキャリです。

人間の脳の機能については諸説あり、また明らかになっていないことも多いといわれていますが、情報を同時に処理できる能力（情報処理能力または情報処理リソース）は極めて限られたものだといわれています。個人差による能力（リソース）の大小こそあっても、ある人において、やらなければいけないこと、考えなければいけないことが多いという理由でいきなりリソースが増えるものではありません。フルキャリは、予め自身が持つ容量の範囲の中で、「どちらも妥協したいわけで

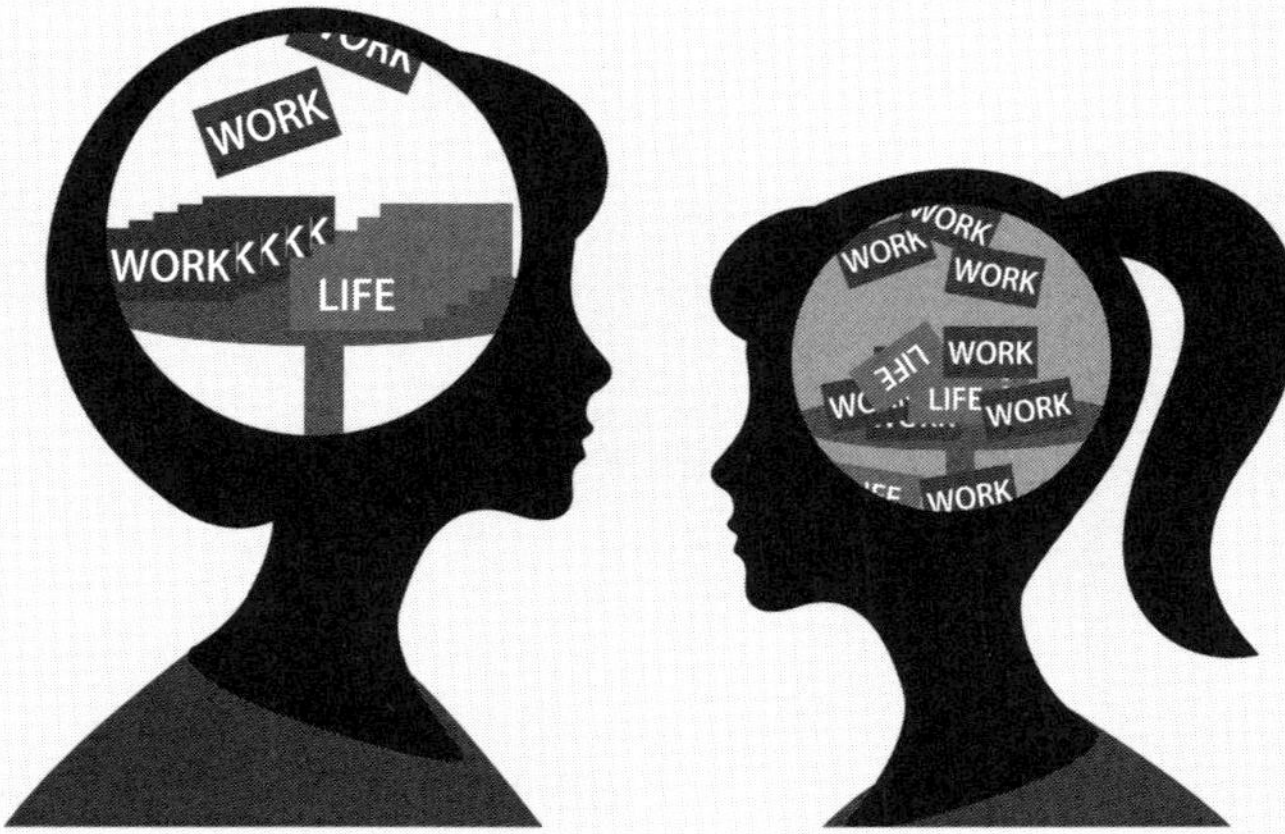

はないのにどちらにもフルにリソースを使えない！」という葛藤とともに、ワークとライフの情報処理リソースの配分に日々奮闘しています。

これまで、ワークとライフを比較的切り離して考えられる環境の部下が中心だった場合、管理職は、それぞれの部下が今どれくらいの情報処理量（≒業務量）を抱え、こなしているのか、それが当人にとって過大な量なのか、順調にいけば問題なく処理できる量なのかについて大方見当がついていました。それゆえに、情報処理量が部下本人の容量を超えそうであれば、気に掛け、対策を講じることもできました。本人も容量をオーバーするようであればアラートを出しやすいでしょう。これは、少なくとも就業中、部下の脳の中の作業台を占めているのは管理職が把握可能なワークが大半であるという場合には機能してきました。

ただし、フルキャリの脳の中の作業台の上にあるのは必ずしもワークのみではありません。管理職はこれまでのようなやり方では、フルキャリ部下の「脳の中の作業台」の状況の見当をつけることができません。ただし、管理職はライフも含めてフルキャリの作業台のすべてを把握すべきだといっているのではありません。管理職が大丈夫だと思っていても、作業台からはワークがこぼれ落ちていることがあるかもしれないし、新しいワークを追加することは厳しいだろうと思っていても、作業台は案外整理されて余裕があるかもしれない。問題なのは、これまでの経験則に基づく見当の付け方では十分ではないということです。

第5章

「ワークライフバランス」から「ワークライフ&グロースバランス」へ

——フルキャリをチームや組織の戦力とするために

●フルキャリのパフォーマンスを最大化するためには、マネジャーとフルキャリの双方で、「成長と貢献（グロース）」を意識した「ワークライフ&グロースバランス」の実現を目指すことが重要です。

●「成長と貢献（グロース）」への期待があり、実感があることこそが、フルキャリの「ワーク」と「ライフ」の両立の原動力になるとも考えています。

(1)「成長と貢献」を意識した「ワークライフ&グロースバランス」の実現へ

これまでフルキャリのパフォーマンスを最大化することにつながるマネジメントの考え方や、具体的取り組みを紹介してきました。

ここで一度それらを俯瞰してみてみると、個々の取り組みの土台となるべき考え方がはっきりしてきます。それは、フルキャリのパフォーマンスを最大化し、彼女たちの貢献を最大限に引き出す上では、従来の「ワークライフバランス」の実現から「ワークライフ&グロースバランス」の実現へと、マネジメントの視点を明確にすることが有効だという考え方です。

グロースとは、英語のGrowthで「成長」の意味で用いています。第一義的には、フルキャリ個人の「成長」のことを指します。個々の社員の成長の累積が事業の成長につながります。そのため、ここでいうグロースの実現とは、社員による「自身の成長とそれを通じた組織への貢献」、つまり「成長と貢献」の実現を意味していると考えています。

「成長と貢献」の実現を名実ともに含めた、ワークライフ&グロースバランスの実現を重視したマネジメントが、フルキャリのパフォーマンスを最大化する鍵となると考えます。

(2) ワーク、ライフ、グロースの3つがフルキャリを輝かせる

◉「ワークライフ&グロースバランス」が重要な2つの理由

ワークライフ&グロースバランスの実現を重視したマネジメントが、フルキャリのパフォーマンスを最大化する鍵となると考える理由は2つです。

1つは、フルキャリ本人においても、フルキャリのマネジャーにおいても「グロース」を忘れがちになるからです。

日々の仕事と子育ての両立に奔走する中で、フルキャリ本人も、そしてフルキャリのマネジャーも、ともすると「ワークとライフを両立させることが先決」という意識になりがちです。そして、成長や貢献(グロース)への関心が二の次になってしまうという傾向がありました。この「成長や貢献(グロース)への関心が先送りにされてしまう」という事実は、仕事への意欲が思ったよりも低くないフルキャリの場合、組織の損失です。フルキャリが少なかった時代にはそれほど大きな問題とならなかったこの損失も、女性社員の

図表5－1　「ワークライフバランス」から「ワークライフ&グロースバランス」へ

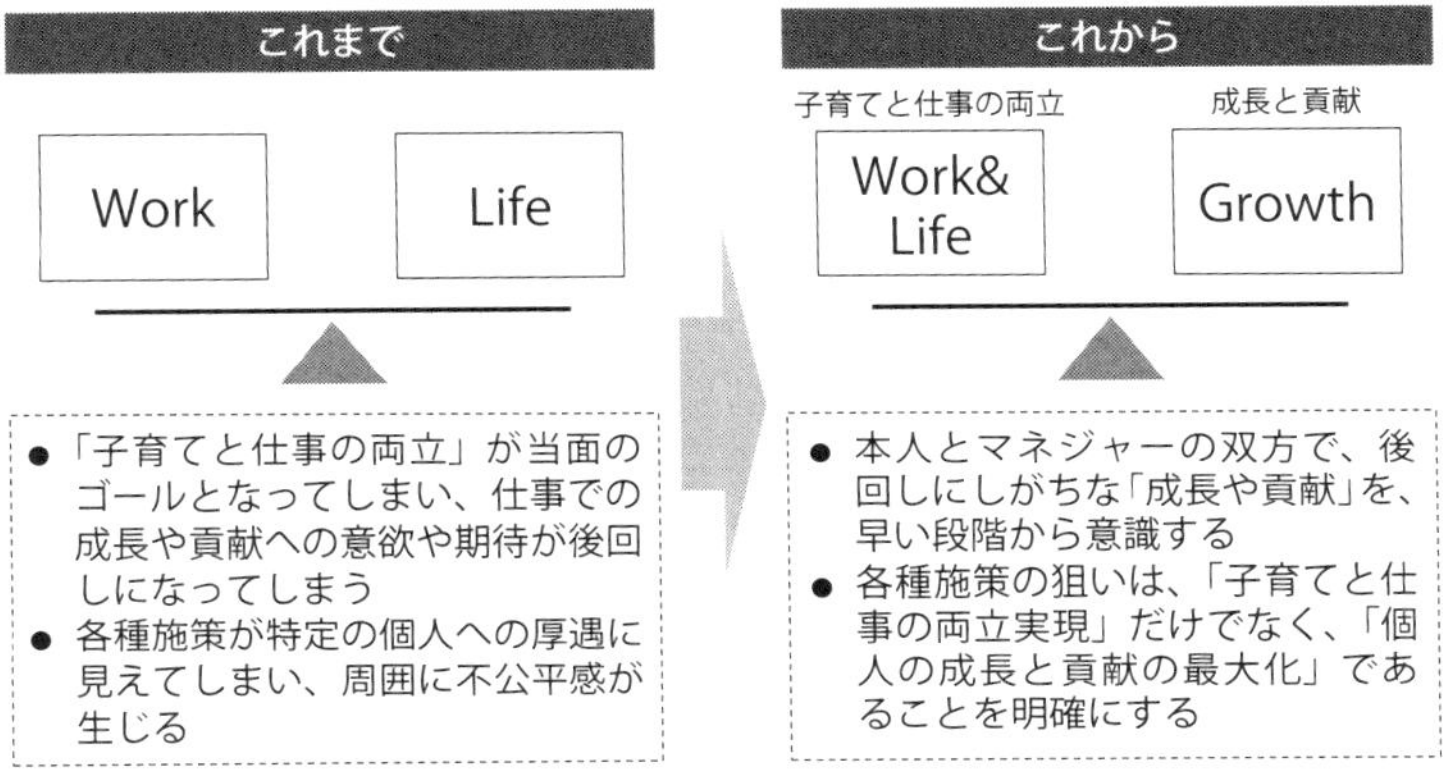
これまで
Work
Life
「子育てと仕事の両立」が当面のゴールとなってしまい、仕事での成長や貢献への意欲や期待が後回しになってしまう
各種施策が特定の個人への厚遇に見えてしまい、周囲に不公平感が生じる
これから
子育てと仕事の両立
成長と貢献
Work&
Life
Growth
本人とマネジャーの双方で、後回しにしがちな「成長や貢献」を、早い段階から意識する
各種施策の狙いは、「子育てと仕事の両立実現」だけでなく、「個人の成長と貢献の最大化」であることを明確にする

（出所）筆者作成

比率が上がり、その中でもフルキャリが増えている現在、そして今後においては、看過できない大きさの損失になると考えています。

そこで、フルキャリ本人も、そしてフルキャリのマネジャーも、仕事と子育ての両立をしながらでも、仕事でも成長や貢献するという意識をしっかりと持ち合わせることが重要だと考えます。両者がはっきりと「成長や貢献」も目指すべきものであることを意識する上で、「成長や貢献」を意味する「グロース」を含め、ワークライフ&グロースバランスと表現することが有効だと考えています。

2つ目は、「ワーク」のあいまいさの排除が必要だと考えるからです。

これまで企業が行ってきた従業員のワーク

ライフバランス実現に向けた様々な施策は、投資の対価として受け取る効果が「ワーク」とあいまいに表現されていました。離職しないことと捉える人もいるでしょうし、できるだけフルタイムで働くことと捉える人もいるでしょう。業務上の責任を果たすことと捉える人ももちろんいるでしょう。そもそも、「調和のとれた人生を手にする」といった個人的なベネフィットの印象が強いと感じる人もいるでしょう。そのためか、従業員のワークライフバランス実現に向けた施策が何のために行われるのかがあいまいとなりやすく、よって、会社が展開する各種施策と、業績責任を負って日々マネジメントする現場の感覚とにギャップが生まれやすい状況につながっていたのではないかと考えています。

◉目指すべきは「フルキャリWL&Gマネジメント」

これからのマネジメントが目指すべきは、「ワークライフ&グロースバランスの実現」だと定義し直すと、企業が受け取りたい対価は明確になります。例えば、フルキャリを対象に考えた場合、企業は、社員がフルキャリとして仕事やキャリアを継続する（ワークライフバランスの実現）という対価だけでなく、フルキャリのグロース（成長とそれを通じた組織への貢献）を対価として獲得することを目指すことになります。そのために、どのような支援や環境が有効か。このような視点で考えたとき、改めて、本書で提案してきたフルキャリの活躍を最大限に引き出す上での考え方や手法が参考になると感じていただけるのではないかと思っています。

筆者は、本書で提案するフルキャリのパフォーマンス最大化につながるマネジメント手法を総称して「フルキャリＷＬ＆Ｇマネジメント」と呼んでいます。

◉「グロース」への挑戦こそが「ワーク」と「ライフ」の両立を可能にする

もちろん、フルキャリ自身が「グロース」も含めた両立に挑戦する必要があります。フルキャリは少なくとも様々なライフイベントが発生する前や発生直後は仕事に対する高い意欲を持っているにもかかわらず、日々の子育てと仕事との両立の中で、自分の仕事への意欲を見失ったり、過小評価したりする傾向があります。そのような中で、フルキャリを抱えるチームのマネジャーには、フルキャリの「仕事でも自身を成長させたい」、「周囲の人に貢献したい」という当初の想いを、自覚させ続ける働き掛けが求められます。

「ワークとライフの２つの両立でも大変なところ、グロースも含めて３つの両立を意識させるなんて、１・５倍頑張れということなのか」と思われる方もいるかもしれません。

図表５－２　フルキャリWL＆Gマネジメント

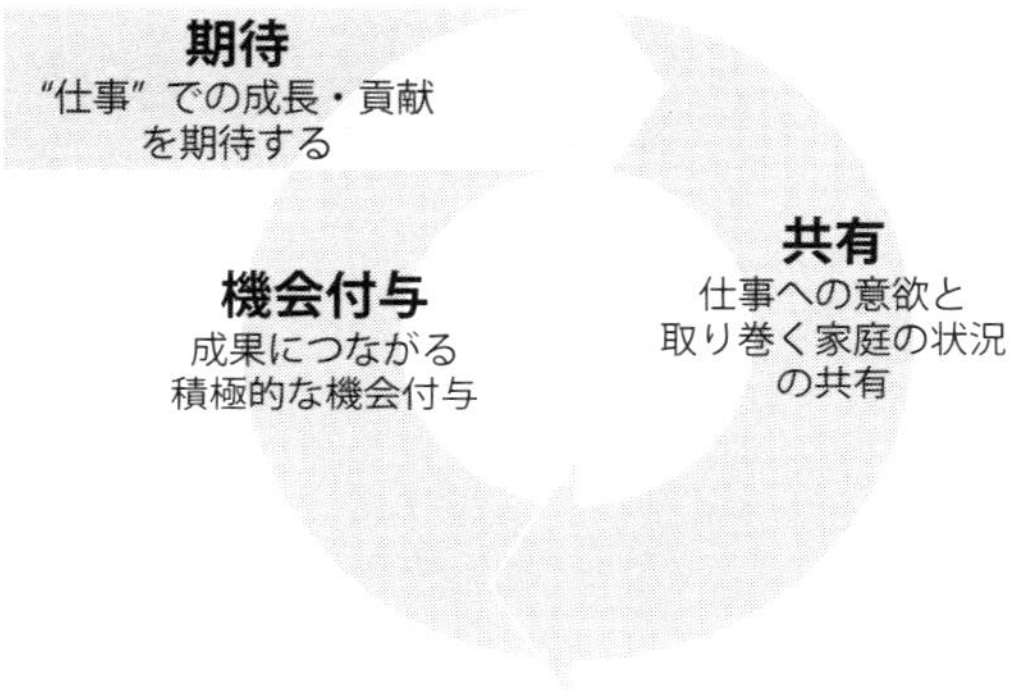
期待
“仕事”での成長・貢献
を期待する
共有
仕事への意欲と
取り巻く家庭の状況
の共有
機会付与
成果につながる
積極的な機会付与

（出所）筆者作成

筆者は、その考えは必ずしも正解ではないと考えています。「グロース」を実感できることが、「ワーク」と「ライフ」の２つの両立の原動力になるのがフルキャリだからです。むしろ、フルキャリにとっては、「ワーク」と「ライフ」の２つの両立「だけ」がうまくいくことを複雑に思っています。「グロース」への期待があり、実感があることこそが重要です。

部下であるフルキャリの「グロース」も含めて３つを両立させることは、フルキャリが、「ワーク」でも「ライフ」でも充実を感じ、それぞれでよいパフォーマンスを発揮する上で必要不可欠だと考えます。

第6章

フルキャリのパフォーマンス最大化のために企業がすべきこと

――「フルキャリWL&Gマネジメント」を行いやすい環境整備を

- ●フルキャリのパフォーマンスを最大化するために、企業がすべきことは、マネジャーが「フルキャリWL&Gマネジメント」を円滑に実行しやすい環境整備だと考えます。
- ●先行的に実施している企業の事例をご紹介しながら、企業施策のヒントを整理していきます。

(1) 必要なのは「マネジャー視点」

◉企業はマネジャーが「フルキャリWL&Gマネジメント」を行いやすい環境整備を

最終章となる本章は、これまでと視点を変えて、企業を主体とした取り組み、いわゆる〝企業施策〟についてお話したいと思います。

これまで、フルキャリのパフォーマンス最大化につながるマネジメント手法として、「フルキャリWL&Gマネジメント」を提案し、有効と考える理由や期待できる効果などについて説明してきました。しかしながら、だからといって、フルキャリパフォーマンス最大化の全責任は個々のマネジャーにあるといいたいわけではありません。少なくてもフルキャリに焦点を当てたとき、企業を主体とした取り組みは、決して十分とはいえないと考えています。フルキャリパフォーマンス最大化に寄与するような有効な取り組みが行われていないどころか、図らずとも逆効果になっているような取り組みを継続してしまっている企業に出会うことさえあります（本書ではあえて触れていませんが、もちろん、フルキャリ本人にも必要な考え方や求められる対策があることも忘れてはいけません）。

労働力が不足する我が国の企業において、自社の事業活動を維持し、成長していくための最重要課題は、人材の確保とその人材1人1人のパフォーマンスをできるだけ最大化することであることについては、本書で繰り返し述べてきました。人材の確保という意味においても、1人1人のパフォーマンスをできるだけ最大化するという意味においても、子育てしながらであっても仕事でも貢献したいと考える女性社員、つまりフルキャリに注目することが得策です。彼女たちの特徴を踏まえ、彼女たちのパフォーマンスをできるだけ最大化して、組織パフォーマンスに直結させるために何をすべきかについて、企業は真剣に考え、一日も早く有効な対策を講じていくべきです。

筆者は、今、フルキャリパフォーマンスを最大化するために、企業が最も有効な組織的取り組みを考える上で重要なことは、「マネジャー視点」だと考えます。ここでいう「マネジャー視点」とは、フルキャリを部下に持つ、またはこれから部下に持つことになる自社のマネジャーらが、できるだけ、本書で提案した「フルキャリWL&Gマネジメント」を円滑に実行しやすい環境を整備するという視点です。個々のマネジャーが「フルキャリWL&Gマネジメント」を円滑に実行しやすくなれば、マネジメントの効果として、個々のフルキャリのパフォーマンスが少しずつ拡大し、その結果、組織のパフォーマンスの総和が拡大するからです。

マネジャーが「フルキャリＷＬ＆Ｇマネジメント」を実行する上で障壁となる制度や慣習はないか、「フルキャリＷＬ＆Ｇマネジメント」の実行を組織として推奨していく上でフルキャリ本人と共有しておかなければいけないことはないか、「フルキャリＷＬ＆Ｇマネジメント」の効果をできるだけ大きくするためにフルキャリの子育てとの両立面で会社としてサポートできることはないか、このような視点で、新たに必要な取り組みを検討したり、すでに実施している取り組みの必要性を見直したりすることが有効です。

(2) 「フルキャリＷＬ＆Ｇマネジメント」を支える会社支援の三本柱

◉「業務・キャリア形成支援」、「ＷＬ両立支援」、「本人支援」の三本柱

筆者は、「フルキャリＷＬ＆Ｇマネジメント」の円滑かつ効果的な実行をサポートするという意味で、企業が行うべき取り組みは、「業務・キャリア形成支援」、「ＷＬ両立支援」、「本人支援」の３つに大別できると考えています。

◉会社支援①——業務・キャリア形成支援

「業務・キャリア形成支援」としては、第一に、マネジャーがフルキャリの個別事情に応じた機会付与をしやすい環境整備、つまり「個別の成長・キャリア開発を可能にする環境整備」が挙げられます。「フルキャリWL&Gマネジメント」では、本人の仕事への意欲や本人を取り巻く家庭環境を共有し、それを踏まえつつも、少しでも働くやりがいや成果につながる積極的な機会付与をすることが重要です。しかし、機会付与が、マネジャーの個別判断でしにくい環境であれば、フルキャリの個別事情を踏まえた柔軟な機会付与を行うことは難しいでしょう。例えば、フルキャリである部下に対し、少なくとも育休明け直後には行いにくくなる業務へのアサインや人事を、前倒しで断行するようなことは、「個人的な事情を背景とした特別な配慮はできない」、「そのような配属は通常何年目以降の社員が対象となることが通例である」などと、組織が硬直的であれば、マネジャーが実行しにくいことは明らかです。マネジャーの裁量で個々人の状況に合わせ、柔軟に機会付与を行うことができる環境であればあるほど、先のような機会付与をしやすくなります。

また、「業務・キャリア形成支援」には、フルキャリ本人が、一定の制約がある現状においても、少しでも成果を出しやすく、少しでもキャリアを築きやすいような環境を整備

図表６－１　「フルキャリ WL&G マネジメント」を支える会社支援

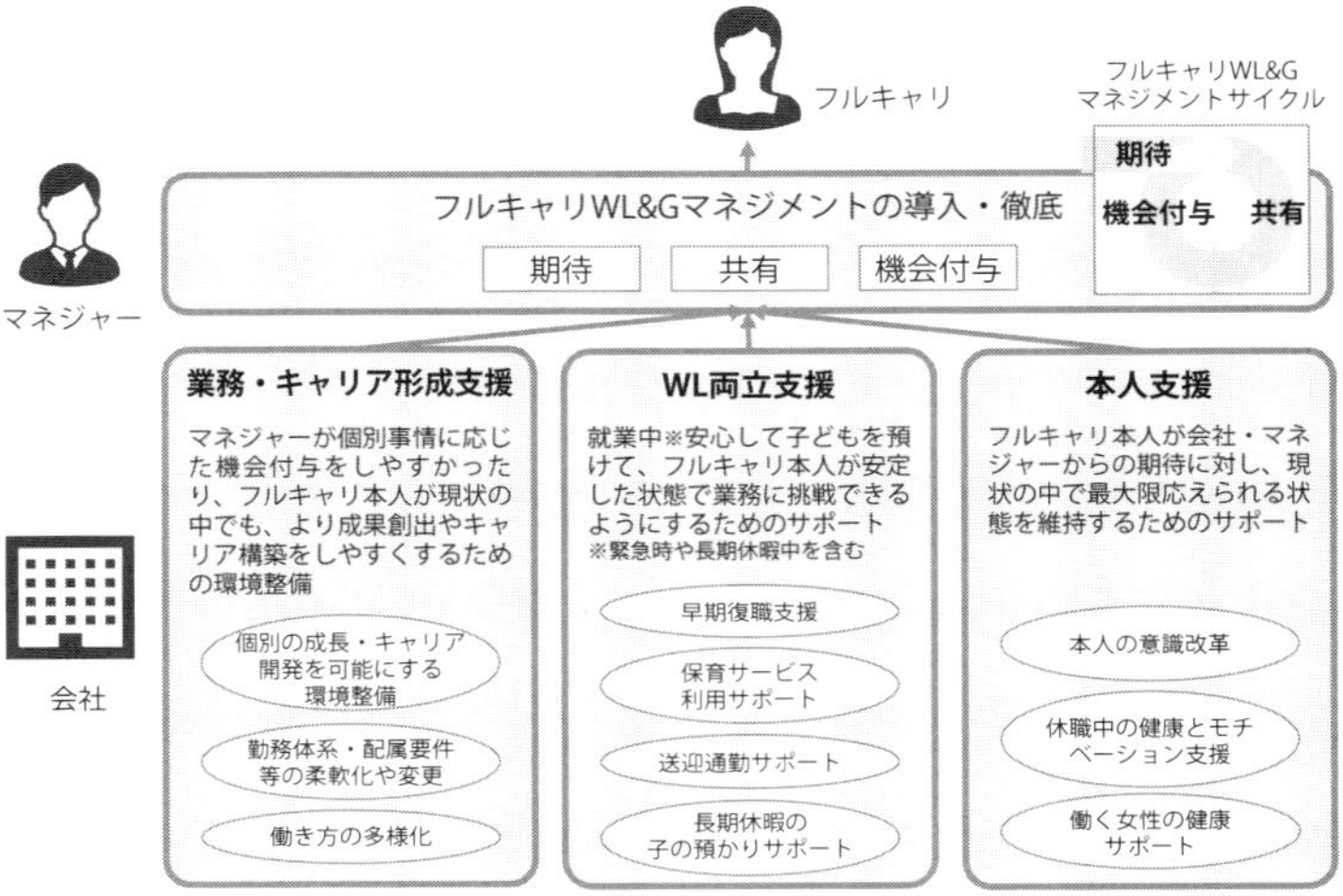

（出所）筆者作成

することも含まれます。具体的には、「勤務体系・配属要件等の柔軟化や変更」、「働き方の多様化」などです。従来の勤務形態や配属要件では、子育てしながら働くフルキャリの場合、「できない」ことが生まれてしまうケースが散見されます。これを、「制約があるのだから仕方がない」と考えるのと、「制約があっても、ある程度はできるようにするためにはどうすればよいのか」と考えるのとで、組織が社員のパフォーマンスから刈り取れる果実の大きさはどちらが大きくなるかは想像に難くないでしょう。一定の制約がある状況でも、少しでも成果を出しやすく、少しでもキャリアを築きやすくするためには、何を変えればよいのかという発想で、組織としての取り組みを考えることが重要だと考えます。

◉会社支援②――WL両立支援

続いて「WL両立支援」についてです。ここでいう「WL両立支援」は、就業中は安心して子どもを預けることができる環境を提供するなどして、フルキャリが安定して業務に挑戦できるようにするためのサポートと位置付けています。例えば、「早期復職支援」です。育休取得者が増える一方で、本人に復職意向があるにもかかわらず、保育園に入所できないという理由でやむなく育休を延長する人も増えています。そこで、本人に復職意向があるのであれば、希望する時期に希望を満たす保育園に極力入園できるよう支援する「保活コンシェルジュサービスの提供」を行う企業も出てきました。また、重要な局面で「子どもの預かり先がない」という理由で就業できないことを極力防止する「緊急時ベビーシッター利用サポート」なども、安心して子どもを預けることができる環境を提供することを通じて、フルキャリが業務に挑戦できるようにするためのサポート「WL両立支援」に該当します。

「WL両立支援」という言葉だけ見ると、従来から存在する両立支援と変わりがないように思われるかもしれません。ちなみに、従来から存在する両立支援の代表格は、育児休業や短時間勤務制度、そしてそれらが取得できる期間の延長などになるでしょう。それらと比べると、「フルキャリWL&Gマネジメント」の円滑かつ効果的な実行につながる「WL両立支援」には、明らかな違いがあります。それは、従来の両立支援の前提が、「子育て中はできるだけ休業」、「子育て中は短時間の勤務でよい」といったものであるのに対し、「WL両立支援」の全体が、「子育て中であっても、できるだけ業務で成果を出してほしい」というものであるという違いです。

◉会社支援③——本人支援

最後は、「本人支援」です。フルキャリ本人が会社・マネジャーからの期待に対し、現状の中で最大限応えられる状態を維持するためのサポートです。本書では、マネジャーがフルキャリを「期待」することが重要だと述べてきましたが、その期待に応えられる本人の土壌も当然必要です。フルキャリ本人が、長期的に自身のキャリアを考え、挑戦していくことの大切さに気が付いたり、再認識したりする機会として有効な、本人を対象に行う

「キャリア研修」などが該当します。また、期待に応えようというモチベーションを維持するためには、心身の充実、少なくとも心身に極力不安のない状態で業務に挑戦できることも重要だと考えます。働く女性が増える中で、働く女性特有の健康の悩みなども明らかになってきました。そうした健康のサポートも、「フルキャリＷＬ＆Ｇマネジメント」を円滑かつ効果的に実現する上でますます重要になると考えています。

(3) 先行企業の取り組み紹介

「フルキャリＷＬ＆Ｇマネジメント」の円滑かつ効果的な実行を実現する上で、企業が行うべき取り組みとして説明した、「業務・キャリア形成支援」、「ＷＬ両立支援」、「本人支援」のそれぞれについて、より具体的にご理解いただくため、先行して取り組みを行う企業の事例を紹介します。

◉フルキャリの「業務・キャリア形成支援」に取り組む企業の事例

業務・キャリア形成支援の中で、子育てしながら働くフルキャリでも、できるだけ最大に、できるだけ早期に、パフォーマンスを発揮できるような制度、勤務体系を導入した「株式会社三越伊勢丹」および「小田急電鉄株式会社」の事例、オフィス勤務と在宅勤務を組み合わせた独自の働き方の選択肢を導入した「セイコーエプソン株式会社」の事例を紹介します。

株式会社三越伊勢丹
「育児勤務の一時的勤務時間延長制度」

首都圏に合計8店舗の百貨店を展開する三越伊勢丹は、2014年度より、育児を理由として短時間勤務をする者でも、月10日間まで一時的にフルタイムで勤務することを可能とした「育児勤務の一時的勤務時間延長制度」を導入しました。

以前より、店舗を中心に多くの女性従業員が活躍しており、育児休業制度や短時間勤務制度をいち早く導入して活用してきました。そのため出産を理由とした退職は少なくなりましたが、短時間勤務制度を取得できる期間（子どもが小学校3年生の3月末まで）の終了が迫ると、退職してしまったり、特定の部署（フレックスタイム制導入部署など）への異動を希望する事例が増えていました。従業員の多くが、店舗の営業時間に合わせ、夕方以降の時間帯を含む9：45〜20：10の範囲内でのシフト勤務で働いているためです。まだしばらくは短時間勤務が可能な従業員であっても、多くが「短時間勤務ができなくなったら辞めるしか選択肢がないのではないか」といった漠然とした不安の中で働いているという実態も明らかになってきていました。

そこで、出産後しばらくは育児休業制度や短時間勤務制度を活用しながらの就業継続であっても、時期が来たら1人でも多くの女性従業員にフルタイム勤務に復帰してさらに活躍してもらうことが次の課題となりました。「短時間勤務からフルタイム勤務への転換を急減な変化にしない」ことを目標に掲げ、冒頭の「育児勤務の一時的勤務時間延長制度」を導入したのです。

本制度の利用希望者は、年度当初に制度の利用申請を行います。そして、勤務シフトを作成する担当者に、勤務時間を延長したい日／延長できる日を申告。所属が必要とする場合に限って勤務時間の延長が認められる仕組みです。制度の利用を開始したとしても、定められた日数を必ず延長しなければいけないという仕組みではないこと、月0日の利用（その月は1日も勤務時間を延長しない）も認められていることが本制度の特徴です。実際、本制度を利用する人の中には、毎月数日ずつコンスタントに勤務時間を延長する人もいますが、繁忙月だけ利用する人、1年だけ制度を利用してフルタイム勤務を経験してみる人もいるそうです。当初は、不定期で勤務時間を延長していた人が、やりがいと自信を高めたり、家族のサポート体制を整えながら、徐々に毎月定期的に延長するようになった事例もあるということです。

現在、年間100人以上の従業員が本制度を利用しています。「本制度を利用することで営業終了後に行われる商品の入れ替え作業に売り場責任者として携われ、やりがいを感じた」という制度利用者はもちろん、「自分もどこかのタイミングでフルタイム勤務を経験してみてから、今後どのように働いていくかについて考えるようにしようと思え、漠然とした不安が和らいだ」などと今後利用が想定される層からも好評だとのことです。また現場のマネジャーや他のメンバーからも繁忙期に人員を確保できるので助かるという声が寄せられているそうです。

本制度だけで短時間勤務経験者すべてがフルタイム勤務に復帰できるわけではありません。しかし、「ここぞという日に、勤務時間を延長してチームに貢献できたり、自身の経験を活かすことができたりすることを通じて、子育て中でも仕事のやりがいをより感じることができることの効果は大きい。そうした経験がフルタイム勤務に復帰し、継続する原動力になれば」と制度の担当者は話します。

小田急電鉄株式会社
「鉄道現業職の勤務体系の見直し」

小田急電鉄において、駅係員や車掌・運転士といった鉄道現業職で女性社員の採用が始まったのは2002年。1999年以前は女性の深夜業が労働基準法上認められていなかったことから、宿泊を伴う勤務が前提となる現業職に採用される女性はいませんでした。女性の採用開始からしばらくすると、現業職の女性社員が、結婚や出産といったライフイベントを迎える年齢になりました。鉄道現業職は宿泊を伴う勤務であることから、当初は子育てをしながら働き続けることは難しく、妊娠や出産を機に退職する人が多いという事情がありました。短時間勤務制度を利用して復職する場合でも、宿泊を伴う勤務体系しかないこと、子どもの急な病気等で休む可能性があることなどから、短時間勤務者は「定員外」として扱われ、補助的な業務に従事するしかありませんでした。そのため、子育てしながら働き続けたとしても、キャリアアップは難しく、本人の仕事に対するモチベーションの維持が難しいという問題も生じていました。

そこで、全社として、仕事と家庭や子育てを両立しながら入社時の職種で活躍とキャリアアップを続けられる環境を作ることを目標に掲げ、鉄道現業職においても、仕事と家庭や子育てを両立しながら活躍できる体制整備を進めることになりました。そして、2016年、短時間勤務者であっても「定員」として勤務できるよう、現業職の勤務体系を変更します。例えば、運転部門では短時間勤務者であっても乗務可能な専用行路を新設。宿泊を伴わず、実労働時間が日中の5時間または6時間となる勤務体系（以下、宿泊を伴わない勤務体系）を設けたのです。このような宿泊を伴わない勤務体系は短時間勤務者が多い運転部門、駅部門に設けられました。短時間勤務者がいる場合には、宿泊を伴わない勤務体系に短時間勤務者を割り当て、いない場合でもフルタイム勤務者を割り当てます。つまり、短時間勤務者を対象とした勤務体系の変更でありながら、全従業員が利用可能となっているのです。「女性の現業職において発生している問題に端を発したものであったことは事実ですが、当初から、これからは子育てだけでなく、介護の発生によっても短時間勤務制度を利用する社員が増えると考えていました。そこで、全社員に対し、宿泊を伴わない勤務体系の新設は全ての社員を対象としたものであることを丁寧に説明しました。」と担当者は話します。

宿泊を伴わない勤務体系が全体に占める比率は、導入当初と比べ、徐々に増加してきているといいます。現業職の女性社員の増加に伴い、子育てを理由とした短時間勤務者が増加傾向にあります。そのため、現在は、多くの駅や電車区で、宿泊を伴わない勤務体系を利用するのは主に女性の短時間勤務者とのことですが、利用を希望する男性社員もいるそうです。男性の利用希望理由は、介護やその他の事情、自身の体力的な問題など多様だそうです。女性の仕事と子育ての両立支援として検討が始まった改善が、全ての社員の働き方の選択肢を増やすことにもつながった事例ともいえるでしょう。

また、小田急電鉄では、宿泊を伴わない勤務体系を新設した際、短時間勤務者でも本人に希望がある場合には宿泊を伴う勤務を月1回から行えるようにもしました。この取り組みは、先に紹介した三越伊勢丹の「育児勤務の一時的勤務時間延長制度」と似ています。子育てをしながらでも現業職として今後も活躍し続けることができるよう、宿泊を伴わない勤務体系での「定員」としての勤務、そして可能な日の宿泊を伴う勤務体系での勤務と、段階を踏んで活躍の幅を広げることができる環境を整備しています。

セイコーエプソン株式会社
「短時間勤務制度対象者の在宅勤務制度」

セイコーエプソンでは、2016年度より育児中で短時間勤務制度対象者に在宅勤務を認める取り組みのトライアルを開始しました。2018年度より正式に制度として導入されています。

セイコーエプソンの「短時間勤務制度対象者の在宅勤務制度」には特長があります。それは、短時間勤務制度で認められている最短勤務時間（5時間45分）はオフィスに出社して就業することを前提とし、それを超えて所定労働時間（1日7時間45分）まで勤務する時間については在宅勤務を認めるという点です。さらに、オフィスでの勤務が必要な時間、在宅勤務が可能な上限時間の管理は日単位ではなく、月単位で行われており、月の上限時間の範囲内であれば、時間単位や日単位で在宅勤務することが可能となっています。例えば、短時間勤務制度を利用して6時間45分勤務をしている社員の場合、1日5時間45分相当の月115時間まではオフィスでの勤務が必要です。しかし1日1時間相当の月20時間までは、必要な場合に在宅で業務を行うことができるのです。

セイコーエプソンは、今後、人材確保がますます難しくなる中で、会社が持続的に成長していくためには、働き方に制約がある社員にも出来るだけ能力を発揮し、活躍してもらうことが重要課題であると考え、まずは仕事と子育ての両立をしようとする社員を対象に環境整備に取り組み始めました。時間に制約がある中でも少しでも働きやすく、チャレンジしやすい環境を目指し導入したのが、「短時間勤務制度対象者の在宅勤務制度」なのです。

セイコーエプソンの「短時間勤務制度対象者の在宅勤務制度」は、在宅勤務を可能にすることで、不足する業務時間を補填するという効果にとどまりません。当初は短時間勤務制度を利用して復職した社員であっても、オフィスでの勤務と在宅勤務を組み合わせて仕事を続けていく中で、やりがいと両立の自信を高め、フルタイム勤務への復帰の実現につながっていくという効果があるとのことです。

実際に、当制度を利用して、当初は最短の1日5時間45分での短時間勤務であった社員が、1日6時間15分勤務（1日0・5時間相当を在宅勤務）、1日6時間45分勤務（1日1時間相当を在宅勤務）と徐々に勤務合計時間を長くしていくケース、そのように徐々に勤務時間を延ばし、制度導入からわずか1年程度で、1日7時間45分のフルタイム勤務

（1日2時間相当を在宅勤務）への復帰を果たしたケースもあったそうです。

（注）セイコーエプソンの「短時間勤務制度対象者の在宅勤務制度」は、育児による短時間勤務者だけでなく、介護による短時間勤務者も利用できる制度です。

三越伊勢丹、小田急電鉄、セイコーエプソンの3社の取り組みは、取り組みの中身はそれぞれの業界や職種に応じて異なるものの、子育てによって短時間勤務をする従業員であっても、フルタイム勤務をトライアルできる環境を用意したという点で共通している、と筆者は考えます。状況が許すときにフルタイムで働いてみることを通じて、本人がやりがいや両立への自信を少しでも高めることができれば、短時間勤務期間中でも成果を出し、現状においても少しでもキャリアを構築するモチベーションに、そして将来のフルタイム勤務復帰を前向きに考えられるモチベーションにつながる可能性は十分にあると考えます。

◉フルキャリの「WL両立支援」に取り組む企業

就業中は安心して子どもを預けることができる環境を提供するなどして、フルキャリが安定して業務に挑戦できるようにするためのサポート「WL両立支援」の中で、育休から出来るだけ早く復帰してもらえるよう保活コンシェルジュサービスの導入や保育サービス利用費用の補助を行う「ダイキン工業株式会社」の事例、営業車での保育園への送迎を許可し、子育てしながら働く社員を支援する「中外製薬株式会社」の事例を紹介します。

ダイキン工業株式会社
「『育児休暇』からの早期復職支援」

ダイキン工業は、「育児休暇」からの早期復帰を支援するための施策として、「保育所入所の支援」と「生後6か月未満で職場復帰する人への思い切ったサポート」を行っています。

「保育所入所の支援」とは、「育児休暇」中の社員が確実に1年以内に職場復帰できるよう、保育所入所をサポートする「保活コンシェルジュサービス」を提供するものです。「保活コンシェルジュサービス」は、家庭や子どもの状況やニーズに合った保育所情報や保活に関する様々なアドバイスを提供するサービスです。ダイキン工業では専門事業者に委託し、「育児休暇」中の社員が「保活コンシェルジュサービス」を利用して、保活に挑むことができる環境を作っています。さらに、「保活コンシェルジュサービス」を有効に活用して職場復帰を果たしてもらえるよう、「育児休暇」取得予定者を対象に、保活や職場復帰に向けた情報提供、両立支援制度の活用事例や、育児休暇中のスキルアップ策の紹介を行う「保活&育休サポートセミナー」も実施しています。

「生後6か月未満で職場復帰する人への思い切ったサポート」とは、生後6か月未満で職場復帰する社員に対し、子育てしながらの仕事が安定してできるようになるまでのソフトランディングを可能とする環境を用意するというものです。生後6か月未満で職場復帰する社員を対象とした、より柔軟な勤務形態（4時間からの短時間勤務や短時間フレックス勤務）を導入しています。また、ベビーシッターの利用費用や両親を呼び寄せてサポートを得る際の交通費などに利用できる「育児支援カフェテリアプラン制度」の補助額を通常の3倍の60万円に増やしたり、ベビーシッターを無料で1か月利用することを可能とするなど、早期復職者へのサポートを充実させています。

ダイキン工業のこのような「育児休暇」からの早期復職に拘った取り組みの背景には、同社の女性活躍推進に関する取り組み方針の存在があります。「あくまで男女の差は出産のみ。今後、結婚・出産を迎える女性社員が確実に増えることを考え、出産後「育児休暇」から早期に復帰し、早期に職場の戦力として活躍してもらうために思い切った制度の充実を進める」というものです。ちなみに、ダイキン工業では「育児休業」と呼ばず、「育児休暇」と呼んでいます。ダイキン工業では育休期間は勤続年数に含まれ、育休を極めて一時的なものとし、切れ目なく活躍を期待するという経営のメッセージが込められています。そして、切れ目なく活躍できるよう、出産後出来るだけ早くから活躍できるような踏み込んだ支援策を導入しているのです。

なお、「女性社員だけが頑張るのではなく、男性社員の意識や行動の改革も必要」、「女性社員の早期復帰・早期活躍を実現する上では、パートナーである男性の育児参画が欠かせない」との考えから、ダイキン工業では男性社員の「育児休暇」取得も推進しています。2018年度は、子どもが生まれた男性社員の74・5%が「育児休暇」を取得しました。

男性の育児参画を推奨しつつも、「育児休暇」から復職した後は、育児と両立しながら再び職場の戦力として活躍してもらうという同社の方針は、女性であっても、男性であっても共通とのことです。

中外製薬株式会社
「営業車での保育施設等送迎許可」

中外製薬は、２０１５年より、子育て中の社員が営業車を使って子どもを保育施設等に送迎できる制度を導入しました。社用車を使うＭＲ職などで、中学校入学前の同居する子どもを持つ社員が対象です。利用希望者は、予め送迎先となる場所（保育所、小学校または小学校から指示のあった場所、病児保育のある医療機関）を登録すれば、社用車に子どもを乗せ保育施設等に送迎した後、そのまま業務開始したり、業務終了後、そのまま社用車で保育施設等まで子どもを迎えに行くことなどができます。

制度導入以前は、朝、子どもを保育園に送ってから、再び自宅に戻り、社用車に乗り換えて業務を開始する必要がありました。終業後も同じで、社用車で自宅に一度帰宅してから、改めて保育園に迎えに行く必要がありました。そのため、送迎を必要とする小さな子どもを持つ社員は、保育園の預かり時間による制約以上に、業務できる時間が短くなってしまうことが、会社としてだけでなく、子育てしながらＭＲ職として働く社員本人にとっても悩ましい課題となっていました。そこで、予め登録した場所との往復であることやチャイルドシート着用の徹底、責任の所在等を明確にするなどした上で、本制度を導入しました。

利用者は女性社員のみならず、男性社員も多く、制度を利用する社員からは「送迎にかかる時間が確実に短縮され、業務できる実質的な時間が増えた」などと非常に評判がよいとのことです

MR職として働く社員が、結婚や出産後も仕事を続ける上での課題は送迎の問題のみではありません。業界の慣習に起因した様々な課題があるといいます。そのため、「営業車での保育施設等送迎許可」は、一つの課題解決に留まりますが、それでも、「この職種は難しい」で済ますことなく、まずは自社のみの決断で出来ることから大胆な支援を行っている事例だと考えます。

一方、保育園の送迎に係る交通費を支給する企業も出始めています。勤務前後に子どもを保育園に送迎しながら就業している点にまで着目し、就業時間前後のサポートにまで踏み込み、子育てしながら働く従業員の就業継続とパフォーマンス拡大を図ろうとする企業

が増えています。

◉フルキャリの「本人支援」に取り組む企業

最後は「本人支援」です。本書は、マネジャーの方を対象として、フルキャリのパフォーマンス最大化につながるマネジメントのヒントについて述べてきました。そのため、ともすると、フルキャリのパフォーマンス最大化の責任は全てマネジメントにあるといっているように誤解されてしまうかもしれません。しかし、それは誤解です。筆者は、本人にも、子育てしながらでも仕事での貢献や挑戦をしていきたいという覚悟と行動が必要だと考えています。

今では、多くの企業で、働く本人の意識改革や意識向上を目的とした、キャリア研修などと呼ばれる研修が行われています。研修を通じて、長期的なキャリアビジョンを描き、より自発的に仕事に取り組む意欲や姿勢を養うものです。特に、女性は長期的な視点でキャリアを考えない傾向がある、長期的な視点でキャリアを考えにくい現状があるといったことが課題とされ、女性社員に特化したキャリア研修を実施している企業も増えました。その1つが、産休・育休取得者を対象とし、休業取得前後で行われる研修・セミナーです。

筆者がフルキャリに関する調査を始めた頃、産休・育休取得者を対象とした研修機会の提供の必要性が認識され始め、制度などの情報提供や中長期のキャリアを考えるワークショップを含む研修プログラムを導入し始める企業が目立ってきていました。

しかし、当時、産休・育休取得者を対象とした研修等の実施に先行的に取り組んできた企業に現状を聞くと、新たな課題が生じていることが分かりました。「休業前に中長期的にキャリアを考えることが大事であることを説明し、本人も復職後を見据えてモチベーションを高めたとしても、どうしても休業中にそのモチベーションが下がってしまう」というような課題です。直後に起こる出産・子育ての発生というライフイベントの衝撃の大きさの影響もあるでしょうし、保育所に入りにくかったり、企業として認める育休取得可能期間が延長されたりして、休業期間が長くなりがちであることも影響しているかもしれません。

企業としては、育休から復職した後のことも見据え、休業中も仕事やキャリアへの関心や意欲は維持しておいてほしいというのが本音のようです。しかし、「とはいえ、あくまで休業中のことなので、会社としてできることは限られている」という悩みも各社で共通していました。

そこで、育休中の社員への新しいアプローチ方法として、特定NPO法人マドレボニータが企業向けに展開する「復職支援プログラム」を紹介します。

認定NPO法人マドレボニータ 「『育休中』にもフォーカスした企業向け復職支援プログラム」

マドレボニータが企業向けに提供する「復職支援プログラム」は、企業から社員へのサポートが手薄になってしまう育児休業中にフォーカスしている点に特徴があります。

マドレボニータの「復職支援プログラム」を導入する企業は、育休中の社員が、産後にマドレボニータの「産後ケア教室」に参加する場合、その費用の全額または一部を負担します。教室は全国各地で開催されており、社員の自宅近くの教室に参加することができます。「産後ケア教室」は、全4回（1回120分）のプログラムで、「運動」、「対話」、「セルフケア講座」から構成されています。「運動」では、バランスボールを用いた有酸素運動などを通じて出産でダメージを受けた産後の体を回復させます。「対話」では、参加者同士で自分自身の「人生」「仕事」「パートナーシップ（夫婦の関係性）」を言語化するコ

図表6－2　認定NPO法人マドレボニータの「復職支援プログラム」

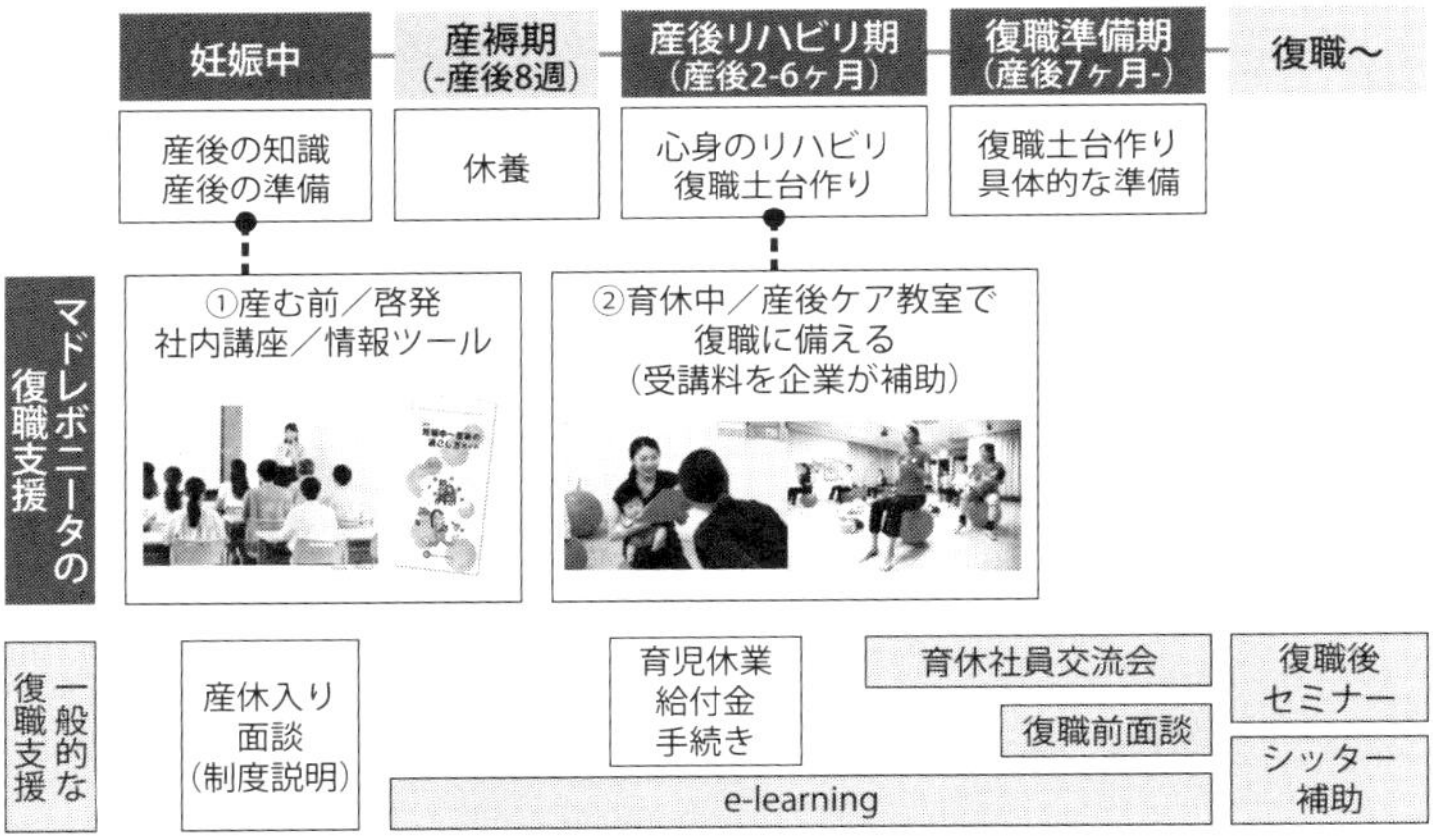

（出所）認定NPO法人マドレボニータ

ミュニケーションワークを行い、産後の生活で失われがちな大人とのコミュニケーション機会を取り戻します。自分と同じく育休中で復職を控える働く女性との交流を通じて、どうしても子どものみに向きがちな思考を「自分」にも向けることで、復職に向けた前向きな気持ちを再認識したり、高めたりします。「セルフケア講座」では、日常生活でも自分の心身のケアを継続できるセルフケアの方法を習得します。

　会社による費用補助を受けてマドレボニータの「産後ケア教室」に参加する育休中の社員は、これらのプログラムを通じて、復職に必要な体力と気力を取り戻し、復職後までに仕事や両立についての目標を確認したり、夫婦の協力体制などを築きます。企業にとっては、体力と気力が回復した状態、復職に意欲的な状態、さらに家族との協力体制が築かれている状態で、自社の社員が復職してくることになるわけです。

もともとマドレボニータは、出産後の母親に対する〝産後ケア〟の必要性を社会のすべての人に啓発し、一人でも多くの産後女性に産後ケアを届けることを目的に設立した団体です。活動を続ける中で、〝産後ケア〟がその後仕事に復帰する女性たちの復職後の活躍にも大きく貢献することに着目しました。そして、企業に対し、自社の女性活躍推進・子育てと仕事の両立支援策として、産休中の社員へ〝産後ケア〟機会提供を、戦略的に取り込むべきだと提案し始めたのです。そして誕生したのが、〝産後ケア〟を含めたマドレボニータ独自の「復職支援プログラム」です。

マドレボニータの「復職支援プログラム」は、育休中にフォーカスした「産後ケア教室」と、産む前にフォーカスした「産前講座・ワークショップ（集合型研修形式／動画配信形式）」で構成されています。先ほど、産休・育休取得予定者を対象に情報提供やキャリアを考えることを目的とした研修等を行う企業は増えてきたとお話ししました。しかし、「産む前に得た知識や確認した自身の意欲や目標などを再び思い出すのは復職してから」

となってしまいがちです。そのため、先に紹介したような「どうしても休業中にそのモチベーションが下がってしまう」という課題が露呈しているのだと考えます。
それに対し、マドレボニータの「復職支援プログラム」では、「産前講座・ワークショップ」と「産後ケア教室」を一体的に提供することで、産む前に得た知識や確認した自身の意欲や目標を、育休中に参加する「産後ケア教室」の中で再確認したり、産後の気持ちの変化や環境変化を踏まえて新たな意欲や目標を確認したりできるという効果が期待できます。

「あくまでも休業中である育休中の社員に対してどこまで踏み込んでよいのか」と悩む企業が多いことからも想像できますが、育休中のアプローチである「産後ケア教室」も含めた復職支援プログラムを導入の企業導入事例はまだ数社だとのことです。それでも産休・育休に入る前での働き掛けや、復職してからの働き掛けだけでは、休業中の意欲や関心が低下してしまうことに課題を持っている企業が多いことを考えれば、産休・育休中の社員への働きかけの一つとして、〝産後ケア〟についての情報提供や受講費用の補助を通じた「産後ケア機会の提供」という手段は有益だと考えます。

(4) フルキャリのパフォーマンス最大化に聖域なし

筆者が各社の取り組みについて話を聞く中で、気が付いたことがあります。２０１５年にフルキャリを発表した時にも多数の企業経営者及び人事担当者らとディスカッションを行いました。その時に多くの企業で耳にした言葉が「当社のような業界では難しい」、「現業部門の社員の場合は難しい」というものでした。あれから5年、紹介したように当時「難しい」といわれた類の業界でも、職種でも、子育てと仕事の両立を図りながら組織に貢献してもらうためにどうすればよいのかと考え、実際に取り組みを進めている企業が見られるようになったのです。

このような変化がもたらされた背景には様々な環境変化があると思います。人材不足が年々深刻化したこともあるでしょうし、これまでは難しいといわれていた業界、職種で働く女性、中でも子育てしながら働き続ける女性が増えたこともあるでしょう。注目すべきは、「難しい」がそれこそアンコンシャス・バイアスだったということです。「難しい」業界や職種においても取り組み始めた事例があることで、子育てしながら働き続ける女性への踏み込んだ対策に、もはや聖域はなくなったと考えるべきでしょう。

どのような組織においても、子育てしながら働くフルキャリのパフォーマンスを最大化することが急務です。本書で説明してきた「フルキャリWL&Gマネジメント」とそれを支える会社支援の実行は様々な業界、業種で有効だと考えます。

本書で紹介したアンケート調査（NRI 実施）の概要

●男性管理職 4,718 人に聞く人材マネジメントの現状と課題調査（2018 年）

調査対象：下記の地域に居住し、従業員 1,000 人以上の企業で管理職（評価対象の部下が 1 人以上）として働く 30 ～ 59 歳の男性
〈居住地域〉
東京都、神奈川県、千葉県、埼玉県、大阪府、京都府、兵庫県、奈良県、愛知県、岐阜県、三重県

調査人数：4,718 人（有効回収数）

調査手法：インターネット調査

調査期間：2018 年 11 月 22 日（木）～ 2018 年 11 月 27 日（火）

●働く女性 5,454 人に聞く仕事とキャリアの本音調査（2018 年）

調査対象：下記の地域に居住し、従業員 1,000 人以上の企業で正社員として働く 25 ～ 44 歳の女性
〈居住地域〉
東京都、神奈川県、千葉県、埼玉県、大阪府、京都府、兵庫県、奈良県、愛知県、岐阜県、三重県

調査人数：【事前調査】　5,454 人（有効回収数）
【本 調 査】　上記のうち 2,060 人（有効回収数）

調査手法：インターネット調査

調査期間：2018 年 11 月 29 日（木）～ 2018 年 12 月 01 日（土）

おわりに

「日本の女性は、組織の中に自分を信じてくれ、成功を喜んでくれる人を持つことが重要だ」

これは、キャロライン・ケネディ駐日米国大使（当時）がWAW！2014（2014年9月）で行ったスピーチの中の一節です（筆者による記録に基づくため意訳についてはご容赦ください）。

言い換えれば、これまでの日本組織の中では、自分を信じてくれ、組織の中での自分の成功を心から期待し、喜んでくれる人がいると感じている女性が少なかったということなのではないかと感じました。

もちろん、女性本人側に、信じてくれるに値する、期待してくれるに値する、喜んでくれるに値する、姿勢、言動、パフォーマンスが伴っていることが前提条件であることはいうまでもありません。しかし、両者は、どちらかが先という前後関係ではなく、相互作用関係にあるのではないかと思うのです。つまり、期待するから応える、応えるから期待されるという関係性です。

支援制度やロールモデルといったものは一朝一夕にでき上がりません。一方、目の前の女性の部下の活躍を期待する、期待していることを明確に伝えることは明日からでもできるのではないでしょうか。

私自身もフルキャリです。現時点においても、フルキャリとしてのキャリアを確かなものにできたかどうかは未だ自信がありません。未だに、フルキャリでいられないと危うくなることもあります。それでも、10年にわたって、仕事も、家庭や子育ても、どちらも頑張りたい、充実させたいという気持ちをなんとかキープしながら毎日を続けてくることができました。サポートしてくださったすべての方に感謝しています。

振り返れば、仕事でも、子育てでも、期待されているような役割が担えていないと感じる辛さから、二兎を追うことは諦めよう、つまり両立可能な範囲の仕事に変えることや、1度辞めるという選択肢があると考えたことは1度や2度ではありませんでした。それでも現在に至るまで続けられた理由は何かと問われたら、私以上に私のキャリアを諦めないで期待してくれたマネジャーがいてくれたからだと答えます。

諦めようと思うときには、不思議といつも、自分自身が諦めかける私のキャリアを、諦めず、まだいけるのではないかといって、私に与えられる機会を探し、成果を生み出すことをサポートしてくれたマネジャーがいました。当時の私はというと、諦める前に、せめてこんな私に期待をしてくれるマネジャーの期待だけには応えたい、裏切りたくないと思うのが精いっぱいでした。せめて目の前の期待に応えたいと思い続けてきた結果が現在なのです。

仕事も家庭もどちらもということがどれだけ都合のよいことなのかは、調査の過程で出会った多くのフルキャリも自覚していました。そのような状況で、「どちらも頑張ることを応援する。仕事でも期待している」というマネジャーからのメッセージがどれだけ身に染みるかは、想像に難くないのではないでしょうか。

活用の仕方次第では、フルキャリが生み出すパフォーマンスはまだまだ最大化できます。しかし、実際に活用するべきかどうか、決して負担の小さくない「フルキャリＷＬ＆Ｇマネジメント」を行うかどうかを判断いただくのはマネジャーの方々に委ねます。

もしも、フルキャリのパフォーマンスを最大化する取り組みを行ってみようと思い、挑戦してくださった場合、「こういう方法がうまくいった」、「こうしたほうがよかった」ということがあれば、筆者に教えていただきたいと思っています。フルキャリの歴史は浅く、フルキャリのパフォーマンスを最大化するマネジメント手法は発展途上だからです。日々現場でフルキャリと向き合おうとしてくださるマネジャーの方々こそが、「フルキャリWL&Gマネジメント」をさらにバージョンアップしてくださると考えています。

最後に、母親としても、ワーカーとしても、頑張りたいと思うフルキャリ女性たちへ。

本書は、マネジャーの方を読者と想定し、マネジャーとしてフルキャリとどう向き合うとフルキャリのパフォーマンスを最大化でき、チームパフォーマンスを最大化できるかといった視点で書いてきました。ですが、実際にパフォーマンスを上げ、組織に貢献するのは、いわずもがな1人1人のフルキャリです。私たちにも、できるかどうかはともかく、頑張りたいと思う覚悟が必要でしょう。

あなたの仕事への意欲を信じ、あなたの成長と貢献に期待してくれる上司の想いに少しでも応えたいと思ったら、目の前のチャンスに、働き方の制約やリスクがあるからといって遠慮し過ぎず、誰かの精一杯と同じではなくてもよいから、あなたの今の精一杯で応えていってみませんか。その積み重ねで得た自信と周囲からの評価が、まだしばらく続く

「ワークライフ&グロースバランス期」を乗り越えていく大きな支えになると思っています。

育休から復職する女性の部下を迎える朝、マネジャーが「さあ、この部下の仕事への意欲を下げることなく、1日も早くパフォーマンスを上げて、チームに貢献してもらえる人材になってもらいたい!」と前向きに迎え入れてくれる現場が1つでも多く増えれば、幸甚に堪えません。

また、1人でも多くのフルキャリに、自分のことを信じて、成長と貢献を期待してくれるマネジャーが伴走してくれることを祈って筆をおきます。

武田佳奈

2019年7月

【著者紹介】
武田佳奈（たけだ　かな）
株式会社野村総合研究所未来創発センター上級コンサルタント。
2004年、慶應義塾大学大学院理工学研究科修士課程を修了。同年、株式会社野村総合研究所に入社。以来、官公庁の政策立案支援、民間企業の事業戦略立案や新規事業創造支援などに従事。2018年4月より現職。専門は、女性活躍推進や働き方改革などの企業における人材マネジメント、保育や生活支援関連サービス産業など。著書に『モチベーション企業の研究』（共著、東洋経済新報社）、『東京・首都圏はこう変わる！未来計画2020』（共著、日本経済新聞出版社）がある。

フルキャリマネジメント
子育てしながら働く部下を持つマネジャーの心得

2019年8月1日発行

著　者――武田佳奈
発行者――駒橋憲一
発行所――東洋経済新報社
〒103-8345　東京都中央区日本橋本石町 1-2-1
電話＝東洋経済コールセンター　03(5605)7021
https://toyokeizai.net/

装　丁…………石間　淳
D T P…………アイシーエム
印　刷…………東港出版印刷
製　本…………積信堂
編集担当………岡田光司
　ISBN 978-4-492-53414-4